# 방사능
# 팩트체크

## ■ 일러두기

### 1. 베크렐(Bq)

1Bq은 1초에 방사선 1개가 나온다는 뜻이다. 10Bq은 1초에 방사선 10개가 나온다는 의미다. 즉 베크렐은 '방사선의 개수'를 뜻하는 단위다. 식품의 방사능 측정치가 '100Bq/1kg'이라면, 그 식품 1kg당 방사선이 1초에 100개 나온다는 뜻이다. 이런 방사선이 나오는 성질을 '방사능'이라고 표현한다. 방사선이 나오는 물질은 '방사성 물질'이다.

### 2. 시버트(Sv)

우리 몸이 방사선을 받았을 때 어느 정도 에너지를 받았는지를 뜻하는 단위다. 즉 시버트는 '에너지의 크기'다. '1km = 1,000m'인 것처럼 '1Sv = 1,000mSv(밀리시버트)'다. 또 '1mSv = 1,000$\mu$Sv(마이크로시버트)'가 된다. 공기 중의 방사선량은 높지 않아 보통 $\mu$Sv 단위를 쓴다. 서울에서 자연 방사선량률이 0.1$\mu$Sv/h라고 하면, 이건 측정기가 방사선을 통해 시간당 0.1$\mu$Sv만큼의 '에너지'를 받고 있다는 뜻이다. 우리나라에서 일반인들의 연간 선량 한도는 1mSv다.

### 3. 국제방사선방호위원회(ICRP)

인체와 방사선의 관계를 연구하는, 국제적으로 가장 권위 있는 위원회다. 인체가 방사선에 노출됐을 때 에너지를 얼마나 받는지, 환자를 치료할 때 방사선 피폭을 어떻게 관리해야 하는지, 또 방사선을 어떻게 막아야 하는지 기준을 연구한다. 1928년 설립되었다. ICRP가 유엔방사선영향위원회UNSCEAR에서 과학적인 연구 결과를 받은 뒤, 방사선 방호 체계의 '원칙'을 정하면 국제원자력기구IAEA가 안전 기준을 만들고, 그에 따라 전 세계 모든 나라가 방사선 규정을 운용한다. ICRP는 전 세계 방사선 안전 기준을 만드는 가장 상위의 핵심적인 기구인 셈이다. 조건우 박사는 세계 13명인 ICRP 위원 가운데 한 명으로 활동하고 있다.

# 방사능
# 팩트체크

조건우 · 박세용  지음
김교윤 · 김성환  감수

 북스힐

# 방사능을 다시 과학의 영역으로

한국 사회에서 '방사능'이라는 소재는 참 독특합니다. 다른 분야와 달리 과학의 언어가 잘 통하지 않습니다. 전문가의 목소리보다는 비전문가의 목소리가 더 크고 대중에게 잘 전달되기도 합니다. 비전문가가 무조건 위험하다고 주장하는 것은 귀에 쏙쏙 들어오지만, 과학자의 설명은 그보다 미묘하고 복잡하기 때문에 사실 대중으로선 제대로 이해하기가 쉽지 않습니다. 그 미묘하고 복잡한 얘기를 방사능을 잘 모르는 기자가 전문가에게 최대한 묻고, 또 물어봐서, 과학적인 팩트 체크를 알기 쉽게 해보자는 것이 이 책의 취지입니다. 지금까지 국내에는 이런 책이 없었습니다. 전문가와 대중의 연결 고리가 되고 싶었습니다. 방사능 문제에서는 과학자의 목소리가 지금보다 더 커지고, 대중은 과학자의 말에 더 귀를 기울여야 한다고 생각합니다.

과학자의 목소리가 작아진 이유 가운데 하나는 바로 일본 때문입니다. 우리 사회에서 방사능 문제는 대개 일본 후쿠시마의 문제로 치환됩니다. 그래서 방사능이 무조건 위험하다고 하는 것은 정치적으로 매우 안전한 발언이 됩니다. 그것이 과학적 팩트에 근거하느냐는 중요하지 않은 것 같습니다. 특별한 근거 없이도 덮어놓고 방사능은 위험하다고 마음껏 목청을 높일 수 있습니다. 방사능을 전공한 과학자는 그것이 사실이 아님을 알지만 공개적으로 반박하기를 꺼립니다. 과학의 언어로 팩트를 말해도 대중이 일본을 편드는 것이냐며 비난할 수 있기 때문입니다. 그래서 방사능 관련 시민단체는 언론에 쉽게 등장하지만, 방사능을 전공한 과학자는 잘 등장하지 않는 것입니다. 방사능은 과학이 아니라 대개 정치적 소재로 활용되고 있습니다.

방사능을 철저히 과학의 언어로 풀어주신 조건우 박사님께 감사의 말씀을 전합니다. 조 박사님을 알게 된 것은 취재진에게 행운이었습니다. 국제방사선방호위원회ICRP 멤버인 조 박사님은 방사선이 인체에 미치는 영향을 취재하기에 가장 적합한 전문가입니다. 누가 소개해준 것도 아닙니다. 미국 언론의 한 보도가 이상하다고 생각해, 한 대학 교수에게 메일을 보낸 뒤 조 박사님과 동시에 답장을 받은 것이 지금의 인연에 이르게 됐습니다.

조 박사님은 2019년 SBS가 일본 방사능을 둘러싼 여러 현안을 팩트체크 보도할 때 배후에서 든든한 과학적 자문 역할을 해주셨습니다. 덕분에 취재진은 제3회 한국팩트체크대상에서 대상을 수상하기도 했습니다. 하지만 지금 돌이켜보면 당시 취재진의 과학적 내공이 많이 부족했던 것 같아, 기사의 일부 표현을 고쳐 쓰고 싶은 마음도 듭니다.

팩트체크 고수와 방사능 전문가의 대담은 2019년에서 2020년으로 넘어가는 겨울, 대전 한국원자력안전기술원KINS에서 여러 차례에 걸쳐 이뤄졌습니다. 기자가 이해될 때까지 끈질기게 물어봐야 독자가 쉽게 책장을 넘길 수 있을 것이라는 생각에, 대담 시간은 길어지기 일쑤였습니다.

수십 시간에 걸친 대화를 압축해 이 한 권의 책으로 내놓습니다. 방사능을 정치의 소재에서 과학적 소재로 돌려놓는 데 이 책이 조금이나마 기여하기를 기대합니다. 또 방사능의 실제 위험이 어느 정도인지 알고 싶은 사람에게는 언론 보도를 포함한 온라인 콘텐츠가 사실 별로 도움이 되지 않습니다. 누구도 속 시원하게 과학적인 팩트를 알려주기 어려워하는 방사능 문제에서, 이 책이 좋은 길잡이가 되길 바랍니다.

2019년 일본 방사능 팩트체크 보도에 이어 출판 과정을 지원해주신 한국언론학회와 서울대학교 언론정보연구소 SNU팩트체크센터에 진심으로 감사드립니다. 또 원고를 보자마자 출판을 제안해주신 북스힐의 조승식 대표님이 아니었다면 방사능 팩트체크는 책으로 나오지 못했을 것입니다.

책에 담긴 어떠한 내용도 한국원자력안전기술원이나 SBS의 입장과 무관하다는 것을 미리 밝힙니다. 특히 우리나라 독자들에게 방사능에 대한 정확한 과학적 사실을 전하고자 집필된 책이므로, 주한 일본대사관을 비롯한 일본 정부 혹은 일본 관련 단체가 일방적인 주장을 펼치기 위해 책의 일부를 저자들과의 사전 논의 없이 자의적으로 인용하거나 온라인 및 오프라인에 무단 전재하는 것을 일절 금합니다.

2021년 5월

서울에서 박세용

서문

# 후쿠시마 사고 뒤, 사람들을
# 놀라게 한 세 가지 사건

## 메밀국숫집 사건

**박세용**(이하 박)  본격적으로 팩트체크하기 전에 흥미로운 얘기부터 해볼까요. 후쿠시마 원전 사고 뒤 사람들을 놀라게 한 '3대 방사능 사건' 말입니다. 우리나라 사람들이 후쿠시마 사고 뒤 방사능에 얼마나 관심이 높아졌고 민감해졌는지 잘 보여준 상징적인 사례이니 이렇게 불러도 될 것 같습니다.

**조건우**(이하 조)  첫 번째가 메밀국숫집 사건이에요. 2011년 후쿠시마 원전 사고 당시 일본 교민들이 하도 불안해하니까 한국 정부가 교민 중 원하는 사람에 한해 방사능 검사를 무료로 해줬어요. 서울 공릉

10

동에 있는 원자력의학원KIRAMS에서요. 근데 한 유학생이 그 말을 듣고, 휴대용 측정기를 사서 자기 몸이 오염됐는지 안 됐는지 확인하러 온 거예요. 방학 때 일시 귀국한 거지요. 검사를 마친 뒤 원자력의학원에서 '클린, 당신 몸은 괜찮습니다'라는 결과를 받고 집에 돌아가는 길이었어요. 측정기를 계속 켜놓은 상태로요. 그런데 측정기 숫자가 갑자기 막 올라가자 깜짝 놀라서 경찰에 신고를 한 겁니다. 저한테 빨리 가보라고 하더라고요.

박    박사님은 대전에서 근무하지 않으세요?

조    사무실은 대전에 있지요. 근데 마침 그날 서울에서 회의를 하고 있었어요. 후쿠시마에서 원전 사고가 나고 얼마 안 된 비상시국이어서 저도 휴대용 측정기를 항상 들고 다녔지요. 그래서 급히 택시를 타고 갔어요.

박    수치가 어디서 올라간 겁니까?

조    원인은 갑상샘 환자였어요. 갑상샘 치료할 때 요오드131을 워낙 많이 먹어요. 대략 10억 Bq(섭취한 요오드131에서 초당 방사선 10억 개 나오는 양)이니까 그 유학생이 갖고 있던 측정기가 반응한 거지요. 원자력의학원에서 치료받고 집에 가는 통원 환자가 근처 메밀국숫집에서 국수를 먹고 있었던 거예요.

박    환자 몸에서 방사선이 나오고 있었다는 말인가요?

조    맞습니다.

박    박사님도 휴대용 측정기만 있었잖아요. 근데 환자 몸에서 방사선(감마선)이 나오는지 어떻게 확인한 거죠?

조    우리가 측정기를 들고 주변을 싹 조사했죠. 제가 직접 했어요. 길바닥에서 재면, 어떨 땐 뜨고 어떨 땐 안 뜨더라고요. 그런데 그때 메밀국숫집 건물 벽이 유리창으로 돼 있었거든요. 벽 가까이 가니까 측정값이 올라가는 거예요.

박    사람한테 가까이 가니까 측정치가 올라간 건가요?

조    길에서 메밀국숫집 건물 쪽으로 다가가니 측정기 수치가 올라간 겁니다. 측정기를 땅바닥으로 가져갔을 때 높아지면 땅이 오염된 거잖아요? 근데 측정기를 건물 쪽으로 가져가니 높아지는 거예요. 그래서 저 안이다 싶어 들어갔지요. 측정기를 감추고, 한 바퀴 돌았어요. 그때 한 사람 뒤에 가니까 수치가 막 올라가더라고요. 그 사람이 분명하다고 판단했지요. 근데 뭐라고 할 수가 없잖아요. 다른 손님도 많았으니까요.

박    그 사람이 식사 끝내고 나갈 때까지 확인해봤나요?

조    그럼요. 마침 저녁 식사 시간이 가까워 우리도 하나씩 시켜
먹고, 그 사람이 가나 안 가나 지켜보고 있었지요. 그런데 그 사람이
떠나니까 수치가 바로 내려갔습니다.

박    아니, 갑상샘 치료를 받을 때 요오드를 그렇게 많이 먹는데,
막 돌아다녀도 되나요?
조    사실 요오드131은 반감기가 8일이에요. 비교적 금방 없어지
긴 하죠.

박    반감기가 짧다고 해도, 병원에서 나오자마자 식당에 가서 한참
앉아 있으면, 옆에 있던 사람은 영문도 모른 채 피폭됐을 것 아닙니까?
조    그 환자가 집에 곧바로 돌아갔으면 좋았겠지요. 보통 병원에
서는 대중교통도 이용하지 말고 승용차로 바로 귀가하도록 안내합니
다. 이게 메밀국숫집 사건이에요.


## 접시꽂이 사건

조    그다음에 접시꽂이 사건 아세요?
박    그건 뭐예요?

조    후쿠시마 원전 사고 직후 젊은 부부가 휴대용 측정기를 하나 사서 들고 마트에 장을 보러 갔어요. 그런데 마트 안에서 갑자기 수치가 올라가는 거예요. 어디서 수치가 올라가는지 조사해봤더니 스테인리스스틸 소재 접시꽂이였어요. 그래서 '접시꽂이 사건'이라고 불러요. 설거지 마친 접시를 세워서 말리는 건조대 있잖아요, 그거요.

박    금속에서 방사선이 나왔나요?
조    맞아요. 우리가 나중에 조사해 코발트60(방사성 물질)으로 오염된 게 밝혀졌는데, 그 원재료를 가공하는 공장이 인천에 있었어요.

박    공장에서 접시꽂이에 방사성 물질을 넣은 건가요?
조    그건 아니었어요. 그 공장에서 원재료로 제품을 만들어 마트에 납품하는데, 원재료를 중국에서 수입하고 있었어요. 중국에서 오염된 스테인리스스틸이 들어온 거지요. 이게 철이랑 크롬이 들어간 합금인데, 철이 문제였어요. 철이랑 코발트, 니켈은 성질이 거의 같아서 코발트60이 철에 섞여 스테인리스스틸 제품으로 간 거지요. 사실 과거에도 타이완에서 아파트 오염 사건이 있었어요. 1980년대 중반 타이완의 한 아파트 건설에 사용된 철근이 코발트60에 오염되어 있었어요. 그래서 주민들이 코발트60에 장시간 노출됐었죠.

박       근데 그 아파트 주민들이 다른 지역 사람들과 비교했을 때, 건강이 더 좋다는 연구 결과가 나오지 않았나요?

조       맞아요, '호메시스 이론'이라고 하는 겁니다. 그 사람들이 오히려 건강하더라는 거예요. 그게 타이완의 사건이고, 우리나라에서는 똑같은 원인으로 밝혀진 게 이 접시꽃이 사건이에요. 그 젊은 부부가 경찰에 신고해서 우리가 조사한 다음 전부 수거해서 폐기했습니다. 모두 모아서 중국으로 반송시키고 끝냈지요.


박       근데 방사성 물질이 든 금속이 중국에서 들어올 때 항만을 거쳤을 텐데, 왜 항만에서 방사능 감시기로 걸러지지 않았을까요?

조       그때는 감시기가 없었어요. 2011년 12월에 일어난 이 사건 이후 안 되겠다 싶어 원자력안전위원회가 나서서 공항과 항만에 전부 감시기를 설치하자고 제안해 지금처럼 설치한 거예요. 접시꽃이 사건이 계기가 된 거지요.


박       코발트60은 어디서 나왔을까요?

조       코발트60도 그렇고, 그즈음 서울 노원구 아스팔트에서도 세슘137이 나와 논란이 된 적이 있어요. 그게 전부 병원에서 암 치료하는 데 썼던 겁니다. 병원에서 쓰는 이 방사성 물질을 폐기하려면 돈이 드니까, 고철 박스에 들어 있는 상태로 그냥 버리는 거예요.

박    고철 박스에 들어 있는 상태로요?

조    방사능이 워낙 많이 나오니까, 병원에서는 강철로 된 보관함에 넣어 보관해요. 방사능이 안 나오게 하려고 차폐해서 넣어놓는 거지요. 코발트60의 실제 사이즈는 아주 작아요. 그게 어디로 가느냐면, 고철상이 수집해서 제철소로 보냅니다. 제철소에서는 그 고철 더미를 녹이지요. 제철소에서 철강 제품 만들 때 철광석도 필요하지만, 고철을 넣어야 제품의 품질이 좋아진다고 해요. 그때 코발트60이 같이 녹아서 들어간 거지요. 그게 스테인리스스틸 오염으로 인한 접시꽂이 사건입니다.

박    코발트60에서도 감마선이 나오나요?

조    맞습니다. 세슘137에서 나오는 감마선보다 에너지가 더 커요. 사람마다 지문이 다르듯이 감마선은 핵종, 그러니까 방사성 물질의 종류에 따라 나오는 에너지가 다른데, 이 코발트60에서 나오는 감마선은 세슘137에서 나오는 감마선보다 에너지가 두 배 정도 됩니다.

박    코발트60도 세슘137처럼 인공적인 방사성 물질인가요?

조    그것도 인공적으로 만들어요. 원자로에서 만들어 병원에 판매하는 겁니다. 지금 부산 기장에 연구용 원자로를 짓고 있어요. 코발트60 같은 방사성 동위원소가 부족해 그걸 만들기 위한 거지요.

박　　코발트60이 암 치료에 쓰인다고 했는데, 원자로 말고 다른 방법으로는 못 만드나요?

조　　원자로에서만 만들 수 있습니다. 원자로에서 중성자를 쏴서 만드는데, 이게 엄청 비싸요.


## 꽃 벽지 사건


박　　메밀국숫집 사건, 접시꽂이 사건에 대해 들었는데, 그럼 세 번째는 뭐예요?

조　　벽지 중 유명한 D벽지의 '꽃 벽지 사건'이 있었어요. 후쿠시마 원전 사고 이후 이 꽃 벽지 사건 때문에 회사가 지금은 문 닫았어요. 이 벽지 회사가 벽지에서 '음이온'이 나온다고 했는데, 사실은 모나자이트라는 광물을 넣어서 꽃 벽지를 만들어 판 거였어요. 모나자이트 안에는 방사성 물질이 들어 있어요.


박　　벽지에서도 방사능이 나왔다는 건 어떻게 확인했나요?

조　　한 가정주부가 휴대용 측정기를 사서 포장을 뜯자마자 집 안 여기저기를 돌아다닌 거예요. 다 괜찮았는데 딸 방에 가니까 수치가 높아지더랍니다. 그 방의 꽃 벽지가 문제였던 거죠. 벽지 회사가 여기에 '토륨(모나자이트에 들어 있는 천연 방사성 물질)'을 집어넣은 거였어요. 깜짝 놀란 그 주부가 신고해서 가봤죠. 아무리 조사해도 다른 데선 안 나와, 벽지를 수거해서 재본 결과 모나자이트를 넣은 걸로 확인됐어요. 모나자이트를 너무 많이 넣어서 감마선이 많이 나왔던 거죠.

박　　'라돈 침대' 사건도 모나자이트를 넣은 거였잖아요?

조　　아, 그거하곤 약간 달라요. 그때 침대는 모나자이트를 얼마 안 넣었어요. 그래서 직접적으로 나온 감마선은 얼마 안 되었죠. 모나자이트 속에 '토륨'이라는 방사성 물질이 있는데, 거기서 '토론'이라는 기체가 나와요(자세한 설명은 199쪽에 있습니다). 이 '토론'은 반감기가 1분이에요. 1분이면 양이 절반으로 줄어서 10분 정도면 다 없어지죠. 표면에서 20~30cm밖에 못 나와요. 그런데 이 꽃 벽지는 모나자이트를 너무 많이 넣어 감마선이 많이 나왔지요.

박　　'토론' 기체는 반감기가 1분인데, 벽지 안의 '토륨'은 반감기가 얼마나 되나요?

조　　그건 100억 년 정도예요. 사실상 안 없어져요.

박　　아직도 이 꽃 벽지 바른 집이 있을지 모르겠는데요? 반감기가 그렇게 길면, 지금도 감마선이 계속 나올 것 아닙니까.

조    그렇지요. D벽지 회사 모든 제품에서 방사능이 나온 건 아니고, 꽃 벽지만 그랬어요. 메밀국숫집 사건, 접시꽃이 사건, 그리고 이 꽃 벽지 사건 모두 2011년 말부터 2012년 초에 있었던 일이에요. 후쿠시마 원전 사고가 나고 방사능에 관심이 높아져 일반인들이 측정기를 사서 직접 측정해본 거지요. 그때는 시중에 측정기가 동나서 사기도 힘들었어요.

# 1부

## 당신이 믿었던 방사능 보도, 사실은?

# 방사능이 일본 정부
# 안전 기준치의 400배라고?

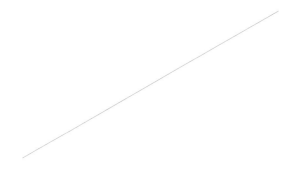

## 한 시간에 0.23μSv
## '안전' 기준치가 맞을까?

**박**　　이제 본격적으로 팩트체크하겠습니다. 한 방송사의 한 시간 짜리 탐사 보도물 취재진이 일본 후쿠시마에 갔습니다. 보통 언론에서 탐사 보도물을 제작할 경우, 홍보를 위해 미리 뉴스 프로그램에서 이 내용을 받아 리포트하거든요? 근데 뉴스 보도에서, 일본 정부의 '안전 기준치'가 0.23μSv/h라고 말했습니다. 그러니까 한 시간에 0.23μSv 만큼의 방사선 에너지를 받는다는 뜻이죠. 그런데 취재진이 찾아간 곳에서 그 안전 기준치의 400배가 나왔다고 보도했어요. 사실 기자가 봤을 때는 제목이 딱 나오는 기사지요. 엄청 위험해 보이잖아요. 제가 가장 궁금한 건 일본 정부에 '안전 기준치'라는 게 과연 있는가 하는 겁니다.

조      사실 그 $0.23\mu Sv/h$는 근거를 따지고 보면, 일반인의 연간 선량한도예요. 방사선량을 1년에 그 이상 받지 않도록 관리하는 기준입니다. 원래는 1년에 1mSv밀리시버트입니다. 그 값에서 거꾸로 유도해, 실제 현장에서 적용하는 기준으로 계산한 값이 시간당 $0.23\mu Sv$가 된 거예요. 국제원자력기구IAEA의 기본안전기준Basic Safety Standards에 나와요. 여기에 '안전Safety'이라는 말이 있으니까, 언론에서 0.23을 '안전기준치'라고 표현했는데, 완전히 틀린 건 아니라고 봅니다.


박      1년에 1mSv를 넘지 않도록 관리하는데, 1년이라면 긴 시간이잖아요. 그래서 1시간에 얼마인지 거꾸로 계산했다는 거죠? 그럼 1mSv를 365로 나누고, 다시 24로 나눠서 계산했겠네요? 근데 계산해보면 0.23이 딱 안 나오는데요?

조      맞습니다. 계산이 그렇게 단순하지 않아요. 사람이 일반적으로 실외에서 8시간 있고, 실내에서 16시간 지낸다고 가정해서 계산한 겁니다. 계산이 왜 달라지냐면, 실내에서는 벽이나 바닥, 천장으로 방사선의 일부를 막기 때문에, 즉 차폐되기 때문에 외부에 있을 때보다 방사선 피폭량이 40% 정도로 줄어든다고 보고 계산해요. 그렇게 하면 0.19가 나옵니다. 시간당 $0.19\mu Sv$ 정도 피폭되면 1년이면 1mSv가 됩니다.

**박**　시간당 0.19씩이면 1년 365일에 1mSv다, 근데 아직 0.23이 안 나왔는데요?

**조**　거의 다 왔습니다. 0.19에 0.04를 더합니다. 0.04는 자연에서 온 방사선량입니다. 0.19는 인공적으로 받는 방사선의 양이고요. 후쿠시마 사고 때문에 오염된 세슘에서 온 걸로 생각해 시간당 0.19를 넘지 말라는 건데, 측정기에는 자연에서 온 방사선도 같이 측정되거든요. 그러니까 0.04를 더해, 최종적으로 시간당 0.23을 넘지 않도록 관리한다는 겁니다.

> 0.23은 어떻게 나온 숫자인가?
> (1) 하루 중 8시간은 야외, 16시간은 실내에서 지낸다고 가정
> (2) 실내의 공간선량률은 야외의 40%라고 가정
> 　0.19μSv/h × (8시간 + 0.4 ×16시간)/1일 × 365일 = 약 1mSv
> (3) 일본 지각에서 오는 자연 방사능에 의한 공간선량률은 평균 0.04μSv/h
> 　0.19 + 0.04 = 0.23μSv/h → 0.23 이상을 오염 지역으로 보고 제염 작업 진행

**박**　0.23μSv/h의 정체가 나왔네요. 그럼 시간당 0.23 이하로 관리하면 자연적으로 받는 방사선량을 제외하고 연간 1mSv 정도 받게 된다, 충분히 안전한 수준이다, 그런 뜻이네요. 근데 계산 방식을 보면, 일본 국토에 존재하는 자연 방사능 공간선량률 0.04μSv/h가 포함

된 거잖아요? 만약 다른 나라로 가면 0.23이 아니겠네요?

조       당연하죠. 우리나라에서는 0.19에다 0.12를 더해야 돼요. 우리나라는 자연 방사선량률이 평균 0.12$\mu$Sv/h 정도 됩니다. 더하면 0.19 + 0.12 = 0.31이 되죠? 계측기를 한국에 가져와서 측정했을 때, 시간당 0.31이 돼야 1년으로 따지면 1mSv가 되지요.

박       제가 방사선 취재를 계속해왔지만, 우리나라에서 0.31이 안전 기준치라는 말은 들어본 적이 없는데요?

조       없죠. 왜냐하면 우리는 제염을 해야 되는 상황이 발생하지 않았으니까. 일본도 후쿠시마 사고 전에는 0.23이라는 것이 존재하지 않았어요. 후쿠시마 사고로 토지가 방사능에 오염됐고, 할 수 없이 이 오염된 토지를 제염해야 되니까, 제염 기준의 필요성을 느껴서 만든 거예요. 방사능 오염을 어디는 제거하고, 어디는 그대로 두려면 행정적인 기준이 필요하니까요.

박       그럼 0.23이라는 기준은 일본만 쓰는 거겠네요?

조       그렇죠. 왜냐하면 0.19에 더한 0.04는 일본의 자연 방사능 수치이고, 자연 방사능 수치는 나라마다 다르니까요.

박       어떻게 해서 0.23이라는 숫자가 나왔는지는 알겠습니다. 아까

0.23을 안전 기준치라고 표현할 수도 있다고 하셨는데, 그럼 0.23을 넘어가면, 즉 1년에 1mSv를 넘어가면 위험하다고 할 수 있나요?

조　　　일본 정부의 경우 실제로 0.23μSv/h라는 기준값은 오염된 토지에서 제염 작업을 할 때, '아, 이 정도면 됐습니다'라는 판단을 내리기 위해 만든 거예요. 제염 작업의 완전성을 판단하기 위한 실제적인 잣대로 제시해놓은 값이지요. 다시 강조하지만, 시간당 0.23μSv는 제염 작업이 잘 됐느냐 안 됐느냐를 판단하기 위한 기준이고, 연간 1mSv에서 거꾸로 유도해놓은 값인 겁니다.

박　　　독자 입장에서는 0.23μSv/h가 제염 기준치냐, 안전 기준치냐 헷갈릴 것 같습니다. 질문을 좀 바꿔서, 그럼 연간 2mSv를 받았을 경우 '안전하지 않다'고 얘기할 수 있는 건가요?

조　　　연간 0.9면 안전하고, 1.1이면 안전하지 않은 거냐는 질문과 똑같거든요. 그렇지는 않습니다.

박　　　계속 헷갈릴 것 같은데요. 말씀을 들어보면, 1이 넘는다고 꼭 위험한 것은 아니라는 말이잖아요? IAEA가 이걸 왜 '안전 기준'이라고 표현했는지 궁금합니다.

조　　　국제방사선방호위원회ICRP에서는 'Safety', 안전이라는 말을 절대 안 써요. ICRP 문서 140건을 다 봐도, Safety라는 말은 나와 있지 않아요. Safety는 IAEA가 쓰죠.

박    그럼 그 '안전'이라는 단어는 다른 어떤 상징적인 의미를 지니
나요?

조    '그 정도면 충분히 받아들일 수 있다'라는 의미가 내포되어 있
죠. 사실 그 정도면 아주 충분히 안전하다는 거죠.

박    핵심적인 판단을 해야 할 것 같아요. 연간 1mSv로 규정한 취
지가 '안전'에 있는 겁니까, 아니면 '위험 관리'에 있는 겁니까?

조    연간 1mSv는 이미 안전한 영역 '안에' 있는 거죠. 왜냐하면 지
금 우리가 알고 있는 과학적인 지식에 따르면, 100mSv를 넘으면 너
무나 확실하게 암으로 사망할 수 있습니다. 그러니까 1mSv라는 숫자
는 이미 아주 안전한 수준에서 정해놓은 거죠. 1mSv를 조금 넘더라
도 아직 안전 마진이 90mSv 이상 충분히 남아 있는, 안전한 수준에서
1이라고 정해놓은 겁니다. 결국 1은 '위험 관리'의 목표치라 할 수 있
죠. 정부의 안전 시스템이 국민을 안전하게 보호하는지 아닌지 판단
하기 위한 기준치로 1을 정해놓은 겁니다. 인공적인 방사선에 특별히
피폭되지 않아도 1년 동안 자연적으로 받는 방사선량이 3mSv 정도
돼요. 그 절반 이하로 1이라고 정해놓은 거죠.

박     1은 위험 기준이라기보다 관리 기준이라는 거네요?

조     맞아요.


박     0.23을 안전 기준치라고 표현하는 게 아주 틀린 말은 아니지만, 그렇다고 정확한 표현도 아닌 것 같은데요?

조     그렇죠. 안전 기준치라고 하면 그것을 넘으면 불안전해지고 그것을 만족해야 안전해진다는 생각을 주기 때문에, '안전 기준치'라는 말은 정확한 표현이 아니죠. '관리 목표 기준치'라는 표현 정도가 정확하겠네요.


박     실제로 인체에 대해 안전 기준으로 확인된 것은 '100mSv' 하나만 있는 거잖아요.

조     그렇죠. 100mSv, 그거 하나입니다.


박     그럼 언론에서 "안전 기준치의 400배다"라고 보도하는 게 정확한 사실이라고 보기는 어려울 것 같은데요. 물론 사람들한테 방사선 방호에 대한 경각심을 주는 효과는 있겠지만, 경각심이 선을 넘으면 과도하게 겁을 주는 거잖아요?

조     저도 그 의견에 공감합니다. 좀 도가 지나친 표현입니다. 그래도 언론이 어느 정도 경각심을 줄 필요는 있다고 봐요. 저도 자연 방사선량의 서너 배 이상이면 벌써 뭔가 조치를 해야 한다고 봅니다. 400배면 말할 것도 없죠. 그런 곳에 하루 이틀 있는다고 해서 당장 사망하지는 않겠지만, 분명히 비정상적인 상태라는 거죠.

건강에 영향을 미치는지 여부는 방사선으로부터 받는 '에너지의 총량'이 결정합니다. 시간당 100인 곳에 한 시간 머무르는 것과 시간당 1인 곳에 100시간 머무르는 것은 완전히 똑같아요.

**박**　안전 여부를 따지려면 당연히 머무르는 '시간'도 같이 얘기해야 하는 것 아닙니까?

**조**　당연하죠. 건강에 영향을 미치는지 여부는 방사선으로부터 받는 '에너지의 총량'이 결정합니다. 시간당 100인 곳에 한 시간 머무르는 것과 시간당 1인 곳에 100시간 머무르는 것은 완전히 똑같아요. 그러니까 0.23의 100배만큼 높다고 해서 무조건 위험한 것이 아니고, 머무르는 시간이 아주 짧으면 괜찮은 거죠. 이 방사선량은 반드시 머무르는 '시간'과 함께 생각해야 합니다.

**박**　후쿠시마를 방문한 취재진이 허리에 개인 선량계를 차고 들어갔더라고요. 400배 되는 곳 근처에 갔다 온 다음 평균 피폭량을 보니 시간당 2.8$\mu$Sv다, 이렇게 보도했습니다. 이 정도면 건강에는 이상 없나요?

조   그렇죠. 두 시간 정도 취재했으면 $5.6\mu Sv$ 받은 거예요. 우리나라 사람은 평균적으로 1년에 자연 상태에서 약 $3,000\mu Sv$, 대략 3mSv 정도 받아요. 그러니까 꼭 시간을 같이 얘기해줘야 하는 겁니다.

박   예전에 체르노빌에서 원전 사고가 났을 때도 1mSv를 역산해서 제염 기준치를 설정했나요?

조   체르노빌은 워낙 광대한 땅이어서 사실 제염하려고 노력하지 않았어요. 그리고 그 당시 공산주의 사회였으니까, 국가가 주민들을 강제할 수 있었죠. 그래서 무조건 모두 이주시켜버렸습니다.

박   미국에서도 원전 사고가 있지 않았나요?

조   1979년에 미국 스리마일섬TMI 원전에서 사고가 있었는데, 미국 TMI에서는 방사성 물질이 주변으로 나오지 않았어요.

박   그럼 방사성 물질이 주변 환경에 확산되어 제염한 것은 일본이 최초인가요?

조   그건 아닙니다. 브라질 고이아니아라는 지방의 병원에서 사용하던 세슘137이 고철이랑 같이 수집상으로 왔어요. 고철상 주인이 밤에 보니 이 가루가 반짝반짝하는 거예요, 설탕 가루 같은 하얀 가루가요. 너무 신기하고 좋아서, 이걸 주머니에 넣어 가지고 집에 가서 막 나눠주고, "야! 이거 봐라! 신기하지!" 하며 자랑했어요. 그 고이아니아 지역의 집 수십 채를 세슘으로 오염시켜버렸죠. 그 일로 주민 수천 명이 오염됐어요. IAEA에 보고서도 있습니다.

박   그때도 1mSv에서 역산한 기준을 갖고 제염했나요?

조   1980년대 중반에 일어난 일인데, 그땐 상황이 많이 달라, 보고서에 보면 시간당 0.5$\mu$Sv를 제염 기준으로 삼았다고 되어 있습니다.

## 장시간 머물면 사망할 수 있는 곳, 사실일까?

박   보도 내용을 좀 더 팩트체크해볼게요. 안전 기준치의 400배라고 한 곳의 측정치를 보니 시간당 91$\mu$Sv였어요. 아주 높은 수치죠?

조   그렇죠. 91$\mu$Sv면 엄청나게 높은 거죠.

박   원전 안에서 91 정도 나오는 데가 혹시 있나요?

조   엄청 많죠.

박   사람이 들어갈 수 있는 곳도요?

조   사람은 못 들어가게 막아놨죠.

박      보도에서는 91μSv/h에 1년간 노출되면 DNA 구조가 변하고, 더 장기간 머물면 사망할 수 있다고 했는데, 사실인가요?

조      1년간 노출되면 방사선량이 얼마나 되는지 계산해보면 됩니다. 1시간에 91이니까, 1년이면 797mSv, 대략 800mSv 정도 돼요. 그 정도면 염색체 이상이 올 수 있지요. 우리 염색체는 이중나선 구조로 되어 있는데, 그 이중나선 구조의 두 가닥은 보통 수백 mSv 이상에서 끊어질 수 있거든요. 그 정도 노출이면 DNA 구조가 변할 수 있다고 볼 수도 있죠.

박      이중나선 구조가 끊어진다고요?

조      네, 끊어질 수 있습니다. 대개는 시간이 지나면 원래 상태로 다시 결합해요. 하지만 어떤 부분에서는 엉뚱하게 붙을 수도 있죠. 그게 바로 염색체 이상입니다. 그래서 체세포에서 이 염색체 변화가 많이 생기면 세포가 대부분 사멸하는데, 극히 일부분에서는 악성 종양(암)이 됩니다.

박      몇 mSv부터 염색체 이상이 나타나나요?

조      300~400mSv 이상이면 염색체 이상을 현미경으로 충분히 확인할 수 있죠. 우리나라의 원자력의학원KIRAMS에는 이 시설이 잘 갖추어져 있어요.

박    방사선량 얘기할 때 '시간'을 같이 계산해야 한다고 했잖아요, 대략 어느 정도 기간에 300~400mSv을 받아야 염색체 이상이 생기는 겁니까?

조    대개는 그게 단기간 피폭, 그러니까 1회에 그렇게 받거나 1~2주일 내에 받은 피폭량을 말하는 겁니다.

박    보도에서는 1년간 노출되면 DNA 구조가 변한다고 했으니까, 연간 800 정도면 DNA 구조가 실제로 변할 수 있겠네요?

조    단기간에 300~400이면 염색체 구조가 변할 수 있으니까, 1년에 800이면 DNA 구조 변화가 나타날 수 있다고 봐야죠. 그렇지만 죽지는 않아요. 800mSv를 받더라도 당장 죽지는 않죠.

보도 핵심 내용
"연간 약 800mSv, 1년 이상 장기간 머물면 사망할 수 있다."

실제 염색체 이상을 유발하는 수치
300~400mSv (1~2주)

면역 체계를 붕괴시키는 수치
4,000mSv (1~2주)

박    보도에서는 1년 이상 장기간 머물면 사망할 수 있다고 했는데, 만약 제가 그 자리에서 1년 365일 혹은 5년 동안 자리 깔고 누워 있어도 안 죽나요?

조    치료를 받으면 안 죽겠죠. '방사능 피폭'이 심하면 면역 체계가 손상될 수 있어요. 백혈구 숫자가 줄어들어서 사망하는 건데, 우리 몸의 아군이 적군에 비해 숫자가 적으면 면역 체계가 무너지는 거예요. 그럴 경우 감염에 의한 패혈증 등으로 발전해서 사망할 수 있는 겁니다.

박    그럼 단기간에 방사선을 어느 정도 받으면 면역 체계가 완전히 무너지나요?

조    단기간에 4,000mSv 정도요.

박    근데 보도에서는 1년에 800mSv 정도 받는데, 더 장기간 머물면 사망할 수 있다고 했잖아요.

조    안 죽죠, 죽을 리가 없어요.

박    그 자리에 5년 정도 있으면 800mSv×5년 = 4,000mSv를 받잖아요. 그래도 이상 없을까요?

조    아까 제가 말한 4,000은 '단기간', 즉 1~2주 만에 그 정도 받으면 면역 체계가 무너질 수 있다는 겁니다. 5년 정도에 4,000을 나누어 받으면 세포가 회복할 시간이 충분합니다. 그러니까 사망한다고 보기는 어렵죠.

방사선 노출 이야기를 할 때는 에너지의 총량을 어느 정도 기간에 나눠서 받았느냐, 이게 중요하죠. 그러니까 반드시 시간을 밝혀줘야 하는 겁니다.

**박**     기사에서는 '사망한다'고 단언하지 않고 '사망할 수 있다'고 표현했어요.

**조**     틀린 말은 아니에요. 가능성은 있으니까요, 가능성.

**박**     그러면 확률이 굉장히 낮다, 이렇게 봐야 되나요?

**조**     그렇죠. 가능성은 있지만 확률이 매우 낮다고 봐야죠.

**박**     사실 이 프로그램 홍보하는 기사 내용을 보면 '방사능 핫스팟hot spot 1,000mSv가 확인됐다'고 되어 있는데, 노출 기간에 대한 얘기가 없었어요. 연간 800 정도이니 1,000으로 쓴 건 그렇다 쳐도 시간을 말해줘야 하는 것 아닌가요?

**조**     당연하죠. 어느 정도 기간에 받은 에너지의 총량이냐, 에너지의 총량을 어느 정도 기간에 나눠서 받았느냐, 이게 중요하죠. 그러니까 반드시 시간을 밝혀줘야 하는 겁니다.

# 원전 사고가 일어나지 않아도 0.23 $\mu$Sv/h
# 훌쩍 넘는 곳이 있다?

**박**  얘기를 나누다 보니 혹시 우리나라에서도 자연 방사능이
0.23 가까이 나오는 데가 있는지 궁금합니다. 순수한 자연 상태에서
도 세슘이 후쿠시마에서 측정된 수치만큼 나오는 곳이 있을까요?

**조**  많아요. 오늘 아침에 조사해보니 속초가 0.18이었습니다. 우
리나라에서 기록된 최고 측정치는 0.6입니다. 과거 태양 활동이 활발
했을 때 0.6 $\mu$Sv/h 나온 적이 있어요.

**박**  속초 말고 다른 지역은요?

**조**  영종도 쪽이 좀 높은 편입니다.

### 그레이(Gy)

사람 몸과 같은 어떤 물질에 흡수된 방사선 에너지의 양을 나타내는 단위. 즉 물
리적인 양을 표현한다.

### 시버트(Sv)

몸에 흡수된 방사선 에너지가 어느 정도 생물학적 영향을 일으키는지 나타내는
단위. 즉 생물학적 양을 표현한다. 감마선, 베타선, X선은 1Gy = 1Sv이고, 알파
선은 1Gy = 20Sv가 된다.

| 지역 | 자연배경방사선량률($\mu$Sv/h) |
| --- | --- |
| 브라질의 아라샤 | 2.8 |
| 인도의 케랄라와 마드라스 | 0.8 ~ 5.2 |
| 중국의 쓰촨성 장자 | 0.2 ~ 9.1 |
| 이란의 람사르 | 0.08 ~ 100 |
| 이란의 마할라트 | 0.3 ~ 3.8 |
| 일부 언론이 보도한 '안전 기준치' | 0.23 |

출처: UNSCEAR 2008 REPORT Vol. I "Sources and Effects of Ionizing Radiation"
※ 원문 단위 nGy/h를 $\mu$Sv/h로 환산하여 표기; 나노(nano) n은 마이크로(micro) $\mu$의 1,000분의 1

박    왜 특정 지역이 높게 나오는 건가요?

조    땅에 우라늄하고 토륨이 상대적으로 많이 들어 있어요.

박    다른 나라도 0.23 넘는 데가 있나요?

조    당연하죠. 브라질에 대한 이 데이터를 보세요. 한 시간에
2,800nGy이잖아요? 여기서 Gy는 Sv와 같다고 보면 되니까 한 시간
에 2.8$\mu$Sv라는 뜻입니다. 서울이 0.12니까 20배 이상 높지요. 언론이
일본의 안전 기준치라고 보도한 0.23과 비교하면, 자연 상태에서 10
배 넘게 나오는 겁니다.

박    하루가 아니라 지금 한 시간에 2.8이라는 거죠?

조    그렇죠. 인도의 케랄라는 인구가 많고 선량률이 높기로 아주

유명한데, 여기도 평균 1,500입니다. 최대 5,270까지 나왔어요. 그럼 시간당 5.27 $\mu$Sv이니 엄청나게 높다고 볼 수 있죠. 그렇죠? 아직 안 끝났어요. 중국 쓰촨성 장자 지역은 최대 9,100이 나왔어요. 또 이란의 아주 유명한 지역인 람사르에서는 최대 10만이 나온 곳도 있어요. 이게 유엔방사선영향위원회UNSCEAR 2008년 보고서에 나온 공식적인 데이터입니다. UNSCEAR 홈페이지(http://www.unscear.org/unscear/en/publications/2008_1.html)에 나와 있어요. 가장 최근 보고서가 2008년 거예요. 자연 방사능은 시간이 지나도 크게 변동 없으니까, 자주 발간하지는 않습니다.

박    중국에서 자연 상태에서 9.1 $\mu$Sv/h가 나왔으면, 0.23의 거의 40배잖아요. 지구상에 그런 곳이 있는지 처음 알았어요. 그런 데는 주민들 건강에 이상이 없는지 조사해야 하는 것 아닙니까?

조    이미 역학 조사를 했죠. 거기 사는 사람들의 암 발생률을 조사했는데 다른 보통 지역들과 전혀 차이가 없는 걸로 나왔어요.

박    외지인이 만약 그 동네에 간다면 건강에 문제가 생길 수도 있을까요?

조    그건 아무도 알 수 없죠. 신만이 알겠죠. 그런 실험을 해본 적이 없으니까요.

박   놀라운 건 이란에서 시간당 10만까지 나온 지역이 있다는 거예요. $\mu$Sv로 환산하면 시간당 100$\mu$Sv 정도니까, 연간으로 하

지각의 특성 때문에 자연 방사선량이 높게 나오는 거죠. 주민들은 오랜 세월에 걸쳐 그런 곳에서 적응하고 정착해서 살아왔다고 봅니다.

면 876mSv 맞죠? 언론이 후쿠시마에서 찾았다는 방사능 핫스팟하고 수치가 비슷하네요. 그런 데서 사람이 어떻게 삽니까?

조   지각의 특성 때문에 자연 방사선량이 높게 나오는 거죠. 오랜 세월에 걸쳐 그런 곳에서 적응하고 정착해서 살아왔다고 봅니다.


박   설명을 쭉 듣고 나니, 제가 기자라서 그런지 완전히 틀린 표현만 아니라면 언론이 '안전 기준치의 400배'와 같이 보도할 수도 있겠다는 생각은 드네요. 0.23의 본질이 안전이 아니라 관리에 있다고는 하지만 어느 정도 경각심도 줄 수 있고요. 다만 '시간 정보'가 꼭 들어가야겠죠.

조   맞아요, 그게 핵심이에요. 그러니까 그 400배라는 것은 위험을 관리하는 방사선량률, 0.23$\mu$Sv/h의 400배인 건 맞죠. 그런 관점에서는 맞지만, 사실은 그런 장소에 얼마나 오랫동안 머물렀느냐가 더 중요한 거잖아요? 근데 기간은 쏙 빼고, 0.23보다 400배 높다는 팩트만 강조하기 위해 '400배다, 안전 기준치의 400배다'라고 보도한 것은 위험성을 강조하기 위한 의도였다고 볼 수 있어요. 실제로 건강 영

향에 중요한 것은 그렇게 높은 방사선량률($\mu Sv/h$)에 머물러 있는 총시간과 그 총시간 동안 누적해서 받은 총에너지양입니다. 그건 건강에 대한 영향과 비례 관계인데, 그것은 빼고 단순히 방사선량률이 높다는 사실만 보도한 겁니다.

박      언론이 '기준치'라는 표현에 너무 집착하는 것 아닌가 하는 생각도 듭니다. 거기다 '안전'이라는 두 글자를 붙이고 싶은 욕망을 참기가 정말 힘들 거예요. 기준치가 있어야 취재진이 측정한 수치가 얼마나 높은지 쉽게 강조할 수 있으니까요.

# 400배라더니, 이번엔 안전 기준치의 800배?

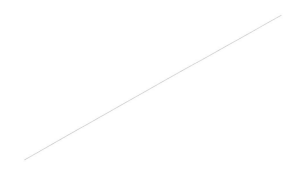

## 뜬금없는 '국내 안전 기준치'의 정체는?

박   이번엔 다른 보도를 팩트체크해볼게요. 한 취재진이 후쿠시마현의 마을에 갔어요. 원전에서 20km 정도 떨어진 곳인데 시간당 0.4$\mu$Sv가 나온 겁니다. 그래서 "국내 안전 기준치가 0.11이니까, 기준치를 4배가량 웃도는 방사선이다", 이렇게 보도했습니다. 저는 '국내 안전 기준치'라는 표현을 처음 들어봤어요.

조   그렇죠. 오해한 겁니다. 0.11$\mu$Sv/h이면 자연 방사선량률이죠. 자연적으로 있는 배경 방사선량률요. 인공적인 방사선을 전혀 받지 않아도 그 정도 방사선을 받는다, 그런 뜻이에요. 서울이 0.11 정도 돼요. 속초가 0.18이고 제주가 0.07로 가장 낮아요. 제주는 '화산토'이기 때문에 우라늄하고 토륨이 없어요. 일본도 화산토라서 우라늄과 토륨이 거의 없죠. 서울은 0.11~0.12 수준인데, 그게 안전 기준치라는 건 완전히 오류죠. 그것은 안전 기준치가 아닙니다. 자연적인 방사선량률보다 4배 높다, 이렇게 얘기해야지 '안전 기준치의 4배'라고 하면 완전히 틀린 거죠.

박　　"자연적인 방사선량률보다 4배 높다"라고 기사를 쓰면 사실 사람들이 무슨 말인지 하나도 모를 거예요. 데스크도 마찬가지고요. 하지만 '안전 기준치의 4배'라고 보도하면, 위험하다는 직접적인 표현은 아니지만 위험하게 들리거든요.

조　　기자가 알면서 그렇게 썼다면 의도적인 거겠지만 제가 볼 때는 무지에서 비롯된 것 같습니다.

박　　안전 기준치가 0.11이라고 썼는데, 지역마다 자연 방사선량률이 다를 거 아니에요. 평균을 내면 그 정도 나오나요?

조　　0.12 정도라고 보시면 돼요. '환경 방사능 정보eRAD'라는 앱을 보면 다 나와요. 예를 들어 대전에서 지금 우리가 있는 지역은 0.17이고 또 0.16도 있는 식으로 대전 방사능 준위가 나옵니다.

박　　지금 0.11 넘는 곳이 많은데, 이 보도에 따르면 가만히 숨만 쉬고 있어도 위험 기준치를 넘은 거네요?

조　　　그렇죠, 그러니까 완전히 엉터리죠.


박　　　같은 보도에서 일본 정부가 '귀환 곤란 지역'으로 선언한 마을
에서는 방사능 수치가 기준의 '800배'를 넘었다는 내용도 나오더라고
요. 그래서 뉴스 영상을 다시 봤더니, 방사선량률 수치가 90$\mu$Sv/h라
고 되어 있었어요. 저희가 앞서 팩트체크한 다른 기사랑 수치가 같습
니다. 그러니까 똑같은 측정치를 가지고 한 언론사는 기준치의 400배
라고 하고, 다른 언론사는 800배라고 보도한 거예요. 시청자들은 그
게 같은 수치에서 나온 서로 다른 표현인지 모르고 엄청 위험하다고
만 느낄 것 같아요.

조　　　방사선을 공부한 과학자한테 한 번만 물어봤으면 그렇게 쓰
지 않았을 겁니다.


## 비행기 탈 때도 훌쩍 넘는 '안전 기준치'


박　　　0.11이든 0.12든 안전 기준치라고 얘기할 수 없는 게, 저희
회사 앞에서 재보니까 0.11을 넘어요. 제가 2019년 가을 일본 후쿠시
마에 출장 가기 전 회사 앞에서 재봤더니 0.15$\mu$Sv/h가 나왔습니다.

조    그럼요, 지역마다 달라요. 서울 서초는 지금 0.14 $\mu$Sv/h 나오
잖아요.


박    제가 측정기를 갖고 비행기를 탔더니 고도가 올라가니까 측
정기에 찍힌 방사선량률 수치가 쭉쭉 올라가더라고요. 이건 왜 그런
거예요?

조    고도가 올라가면 우주에서 오는 방사선 때문에 수치가 올라
가는 겁니다.


박    고도가 올라갈수록 우주 방사선량이 더 많아지나요?

조    그렇습니다. 고도가 올라갈수록 더 많죠. 지구에서는 위도가
높은 지역일수록 우주 방사선량이 많아져요. 적도로 내려올수록 적어
지고요. 비행기 타고 일본 갈 때 대개 6~7km 상공으로 가는데, 유럽
이나 미국 갈 때는 11km 상공으로 가요. 그때 고도에 정비례해서 우
주 방사선이 많아지는 게 아니라 거의 지수함수적으로 방사선량률이
확 올라가요. 공기에서 산소와 질소가 이 방사선을 막아주는 아주 중
요한 차폐체인데, 이 차폐체가 없어져 우주 방사선량이 확 많아지죠.

지구에서는 위도가 높은 지역일수록
우주 방사선량이 많아져요. 적도로
내려올수록 적어지고요.

그러니까 지각 방사선에 비교할
수 없을 정도로 사실 우주 방사선
이 많이 내려옵니다. 이 그래프 2

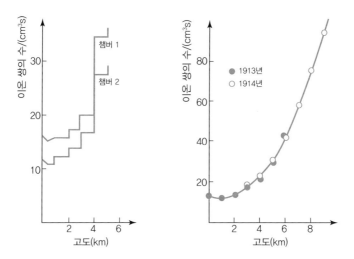

출처: Increase of ionization with altitude as measured by Hess in 1912(left) and by Kolhörster(right)
※ 이온 쌍의 수는 우주 방사선량의 크기에 정비례한다. 이온 쌍의 수가 많다는 것은 우주 방사선량이
  크다는 것을 뜻한다.

개가 오래된 자료이긴 한데 그만큼 우주 방사선이 충분하고 정확하게
연구되어 우리가 잘 파악하고 있는 방사선이라는 뜻이에요.

박      지수함수적이라는 게 흔히 기하급수적으로 올라가는 것처럼,
급격하게 올라간다는 뜻이잖아요. 왜 그렇게 올라가나요?

조      공기층이 지상에 가까울수록 밀도가 빽빽해요. 그런데 고도
가 높아지면, 공기의 양이 고도에 정비례해서 줄어드는 게 아니에요.
저 위에는 공기가 거의 없어 급격하게 희박해져요.

박      그렇군요. 우주로부터 방사선이 들어오다 뭐에 부딪히는 겁니까? 공기라고 하니까 뭔지 잘 모르겠습니다.

조      공기는 질소와 산소로 이루어져 있는데, 이 질소와 산소 입자하고 부딪쳐요. 부딪쳐서 우주 방사선이 우리가 살고 있는 지표면까지 쉽게 내려오지 못하는 거지요. 공기는 1cc에 0.001293g 있죠. 그게 공기의 밀도입니다. 지구를 보호하는 차폐체가 되지요.

박      비행기 얘기하다 너무 깊이 들어가는 것 같은데요, 조금만 더 들어볼게요. 우주 방사선은 대체 어디서 오는 건가요? 방사선 중 감마선은 도달하는 거리가 수 km 정도라고 알고 있는데, 그건 태양에서 지구까지 올 만한 거리가 아닌데요?

조      지금 후쿠시마 세슘에서 나오는 게 방사선 중 '감마선'입니다. 그런데 감마선이라는 건 태양에서 출발해 지구까지 오는 게 아니에요. 태양에서 지구로 날아오는 방사선의 대부분은 양성자입니다. 그게 지구 대기권에서 질소와 산소랑 충돌하면 중성자가 생기고, 그럼 중성자가 지구 쪽으로 더 내려오죠. 그러다가 또 질소와 산소랑 충돌하면 2차적으로 감마선이 생깁니다. 그게 지표면 가까이 도달할 때 우주 방사선으로 측정되는 거죠.

박      그럼 제가 비행기 타고 올라갔을 때 방사선 수치가 올라가는 이유는 그 비행기 고도 위에 있는 산소와 질소가 태양에서 오는 중성자랑 충돌해서, 2차적으로 감마선이 생기기 때문인가요?

조      그렇죠, 바로 그거죠.

우리 몸이 양성자나 중성자를 받으면 몸 자체에서 감마선이 나올 수 있습니다. 우리 몸이 방사성 물질이 되는 거죠.

박      그럼 공기가 없는 데로 아예 나가버리면 방사선이 없겠네요?

조      아니죠, 거기는 양성자와 중성자, 헬륨 이온 같은 무거운 입자들이 있죠. 그것도 전부 방사선입니다. 우리 몸이 양성자나 중성자를 받으면 몸 자체에서 감마선이 나올 수 있습니다. 우리 몸이 방사성 물질이 되는 겁니다. 우리 몸이 방사선을 내는 물체가 될 수 있어요. 근데 세슘에서 나오는 감마선은 상대방을 방사성 물질로 만들지 못해요. 감마선은 단순히 에너지입니다. 이것이 감마선과 양성자·중성자의 차이점 중 하나예요.

박      비행기 타고 일본 갈 때 3$\mu$Sv/h까지 올라갔는데 미국이나 유럽 갈 때는 더 올라가나요?

조      고도가 더 높아지니까 더 올라가죠. 공기가 더 희박해져서 그렇습니다.

박      0.11이 '국내 안전 기준치'라고 보도하기 전에 기자들도 이런 내용을 알면 도움이 될 것 같아요. 미국 갈 때 우주 방사선이 0.11을 훌쩍 넘어간다는 걸 알면, 이게 안전 기준치가 아니라는 걸 알게 되겠지요.

조      그렇습니다. 공감합니다.


박      보도 내용으로 돌아가면요, 기자가 세슘 흙을 모아놓은 제염토에 측정기를 갖다 대고, 흙에서 방사선이 얼마나 나오는지 측정하는 영상이 나오더라고요. 근데 0.79$\mu$Sv/h가 나와 '기준치의 7배가 넘는다'고 했어요. 기자들은 기준치의 몇 배라는 표현을 많이 쓰니까요. 이 제염토를 측정할 때는 측정하려는 물체를 어느 정도 거리에서 재야 한다는 기준이 있나요?

조      제염토 더미에서 얼마나 떨어져 재느냐가 중요합니다. 통상적으로 운반물의 표면 오염도, 즉 표면 방사선량률($\mu$Sv/h)을 잴 때는 10cm 거리를 둬야 합니다. 측정기를 직접 가져다 대면 오염될 수도 있으니까요. IAEA에서 전문가들의 국제적인 합의에 따라 10cm라고 정해놨어요. 우리나라 규정에도 운반물의 '표면 방사선량률'을 측정할 때는, 표면에서 10cm 거리를 두라고 돼 있어요. 거리에 따라 측정치가 왔다 갔다 하거든요. 가까이 가면 올라가고, 멀어지면 내려가죠.

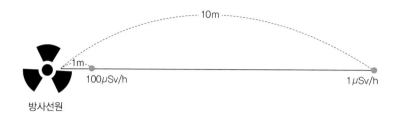

방사선원

박     거리에 정비례해서 줄어드나요, 아니면 우주 방사선처럼 다르게 줄어드나요?

조     거리의 제곱에 반비례해서 줄어듭니다. 두 배 멀어지면 방사선량률은 2의 제곱, 즉 4배가 줄어들고, 거리가 10배로 멀어지면 방사선량률은 10의 제곱인 100배로 줄어듭니다.

## 제염토 작업자의 손가락, 피폭 의심 증세?

박     보도에서 인상 깊었던 부분이 또 있어요. 제염토를 처리하는 작업자의 손가락 영상을 보여주면서, '변색'이라고 표현했던데, 제가 화면으로 봤을 때는 손가락 색깔이 변한 걸 못 느꼈어요. 좀 뭐랄까, 거친 작업을 많이 해서 무뎌진 손 같았어요. 어쨌든 방사선에 피폭되면 손가락이나 피부가 변색되기도 하나요?

조     괴사될 수 있습니다, 세포나 조직이 죽는 거죠.

박    괴사요? 괴사되면 손가락 색깔이 변하나요?

조    변할 수 있죠. 피가 굳으면 피가 엉거서 까매지니까요.


박    근데 피폭 의심 증세라고 보도했던데요?

조    그렇게 되려면 방사선을 최소한 수천 mSv, 즉 수 Sv 이상 맞
아야 돼요. 단기간에 1~2Sv 정도 피폭돼야 합니다.


박    수 Sv요? 지금까지 거의 $\mu$Sv 단위로 얘기했는데, 그거보다
100만 배 큰 단위 아닙니까? mSv보다 1,000배 크고요.

조    IAEA 자료에 나와 있어요. 환자들이 암 치료를 받을 때 방사
선을 맞잖아요. 그래서 방사선을 어느 정도 맞으면 피부가 어떻게 변
한다는 데이터가 있어요. 보면 2Sv 밑으로는 해로운 영향이 없다고
나와요. 피부에 2~5Sv 정도 받아야 피부가 약간 붉어지는 홍반이 나
타납니다.


박    피부 '변색'이라는 증상은 데이터가 나와 있지 않나요?

조    '변색'이 아니라 '홍반Erythema'이라고 나와요. 2~5Sv를 받아
야 나타나는 현상입니다.


박    그럼 제염토 작업하는 사람이 단기간에 2~5Sv를 피폭할 수

| 인체 변화 | 방사선량(Sv) |
|---|---|
| 피부 붉어짐 | 2～5 |
| 해로운 영향 없음 | 2 이하 |

출처: IAEA Radiation Protection of Patients(RPOP)


있느냐, 그게 핵심이겠네요.

조    불가능합니다. 그것도 엉터리예요. 제가 볼 때는 상당히 비과
학적인 보도입니다.


박    수 Sv 피폭된다는 건 정말 가능성이 전혀 없는 일인가요?

조    제염토를 처리하는 작업자의 경우에는 100% 불가능하죠.


박    계산해보면 '불가능'이라고 표현한 이유를 알 것 같은데요. 만
약 1주일 만에 2Sv만큼 피폭되려면, 시간당 얼마나 피폭돼야 할까요?

조    지금 계산해보면, 시간당 12mSv를 받아야 합니다. 이건 시간
당 12,000$\mu$Sv잖아요. 아까 그 보도에서 제염토 작업하는 사람의 경
우 수치가 시간당 0.79$\mu$Sv라고 했죠? 시간당 12,000을 1주일간 받아
야 피부가 붉어지는 현상이 나타나는데, 제염토 측정치는 시간당
0.79이니 말이 안 되는 겁니다. 우리 신체의 피부 일부에 시간당
12,000$\mu$Sv 조건으로 1주일간 계속 받아야 2Sv이고, 그래야 손가락이

든 어디든 피부가 붉게 변할 수 있어요. 시간당 12,000μSv를 전신에 2주일간 받으면 앞서 설명한 대로 우리 몸의 면역 체계가 붕괴될 수 있습니다.

- 피부 붉어짐: 12,000μSv/h를 1주일 이상 지속적으로 받아야 가능
- 보도된 제염토 수치: 0.79μSv/h
- 1년 이상 장기간 노출 시 사망할 수 있다고 보도된 수치: 91μSv/h

박    시간당 12,000μSv라면, 앞서 91μSv가 나와 기준치의 400배다, 엄청나게 위험하다고 보도한 그 기사의 수치가 초라하게 보일 정도네요.

조    사실 손가락 변색 얘기는 어처구니가 없어요.

박    그럼 '의심 증세'라고 보도해도 안 되는 거 아니에요?

조    당연히 안 되죠. 그건 진짜 일반인들을 현혹하는 보도예요.

작업자의 오른손 손가락 두 개가 피부 표면이 딱딱하게 굳어지고 열도 나고 홍반이 생겼어요. 방사선 작업 종사자인 의료인들도 방사선 사고를 당할 수 있어요.

박    만약에 정말 피폭 의심 증세라면 작업한 본인이나 의사가 이건 피폭 때문이라고, 아니면 의심스럽다고 주장했을 텐데 그런

인터뷰가 없더라고요. 이렇게 '단기간에 2~5Sv 받으면 피부가 붉어지진다'는 걸 IAEA나 ICRP가 어떻게 알아낸 거죠?

조    방사선과 방사능에 관련한 오랜 사고 경험을 통해 알아낸 겁니다. 예를 들면 2003년에 우리나라 한 공장에서 방사능 사고가 있었는데, 그때 작업자의 오른손 손가락 두 개가 피부 표면이 딱딱하게 굳어지고 열도 나고 홍반이 생겼어요. 전신은 괜찮았지만 그 손가락은 피부 조직이 괴사할 정도로 방사선을 받았습니다. 방사선 작업을 하는 의료인들도 방사선 사고를 당할 수 있어요.


박    그런 사고를 연구한 결과가 계속 누적되면서 이걸 알아냈다는 거죠?

조    그렇죠. 이런 것을 우리는 전문적으로 '결정론적 영향'이라고 해요.


박    결정론적요?

조    어느 정도 방사선을 받았을 때 영향이 일어나는지, 안 일어나는지 딱 결정되어 있다는 거죠. 선량이 얼마 이상이면 반드시 일어난다고 결정되어 있다는 차원에서 '결정론적 영향Deterministic Effect' 이라고 부르는 겁니다.

박    그럼 이 선량을 넘어가면 모든 사람에게서 100% 증세가 나타나나요?

조    아, 그 결정론적 영향을 어떻게 정의하냐면 100명 중 1명, 즉 어떤 집단의 1%에서 증상이 나타나면 그 선량을 그 증상에 대한 발단선량으로 정합니다. 예를 들어 100명이 단기간에 2Sv를 맞았으면 그중 '1명'에서 피부 홍반이 나타나는 겁니다. 그것이 발단선량Threshold Dose의 개념입니다. 어떤 사람은 문턱을 넘는다고 해서 '문턱선량'이라고 표현하기도 합니다. 개인별로 방사선에 대한 감수성이 다르니까요.

박    '결정론적'이라는 표현을 쓰긴 하지만, 그게 모든 사람한테 100% 증세가 나타난다는 뜻은 아니라는 거죠?

조    그렇죠. 피부 홍반은 2~5Sv라고 했잖아요. 100명이 손에 2Sv를 맞으면 그중 1명에게서 피부 홍반이 반드시 나타나는 겁니다. 방사선에 가장 예민한 사람한테서 먼저 나타나겠죠.

박    그 발단선량 값으로 현재까지 밝혀진 것 중 가장 낮은 건 뭔가요? 혹시 후쿠시마에 가면 위험한 상황이 생길 수도 있잖아요?

조    단기간에 500mSv입니다. 우리 눈 수정체에 백내장이 생길 수 있습니다. 의료 기술 중 '중재 시술'이라는 게 있어요. 심장 수술할 때 심장이 뛰는 걸 방사선 영상을 보면서 수술합니다. 환자의 심장에 방사선을 비추거든요, 그래야 환자 심장의 영상이 뜨니까요. 그걸 보고 수술을 해요. 의사들이 고글을 써야 하는데, 고글을 안 쓰고 육안으로 하면 문제가 될 수 있어요. 그래서 중재 시술을 하는 의사 중 백내장에 걸린 의사가 많았습니다.

**박** 만약 제가 2Sv에 노출된다면, 그 방사선이 제 피부로도 오고 눈으로도 올 것 아닙니까? 방사선이 사방으로 다 퍼지니까요. 그럼 피부 괴사랑 백내장이랑 같이 오는 것 아닙니까?

**조** 맞아요, 피부와 눈이 동시에 그런 방사선을 받았다면 같이 올 수 있습니다. 그렇긴 한데, 100명 중 가장 민감한 1명에게서 어떤 증상이 먼저 생기면 그 선량을 발단선량으로 본다는 겁니다.

## 차 안에서 재는데도 방사선량이 치솟았다고?

**박** 한 가지 더 팩트체크해볼게요. 후쿠시마에서 차 타고 이동할 때는 차량 계기판 위에 흔히 대시보드라고 부르는 부분에 측정기를 붙여놓는데, 보도에서 취재진이 "차 안에서 재는데도 $0.4\mu Sv/h$로 치솟았다"라는 기사를 썼어요. 마치 뭔가 특별히 위험한 것 같다는 인상 환경 방사능 감시 차량을 타고 전국 도로의 환경 방사선량률($\mu Sv/h$)을 잴 수 있어요. 차량 밑바닥 부분이 쫙 열리게 개조했거든요.

을 주잖아요? 차 내부에서 쟀는데도 이 정도다, 이런 느낌이 드니까요. 근데 사실은 차 안에서 재나 차 밖에서 재나 별 차이 없는 것 아닙니까?

조    거의 똑같아요. 차체가 방사선을 약간 막아줄 수는 있겠죠.

박    앞 유리창은요?

조    유리는 감마선 차폐 효과가 거의 없어요. 유리의 화학적 성분이 차폐 효과가 낮아요. 근데 철Fe은 밀도가 높아요. 하지만 철판이 얇아지면 차폐 효과가 크지 않겠죠. 바깥에서 재면 차 안에서 잰 것보다 약간 높을 수 있다는 건 인정해야 합니다. 환경 방사능 감시 차량을 타고 전국 도로의 환경 방사선량률($\mu Sv/h$)을 잴 수 있어요. 차량 밑바닥 부분이 쫙 열리게 개조했거든요.

박    바닥을 열어야 정확하게 측정할 수 있으니까요?

조    그렇죠. 차량 밑바닥이 열리는 부분에 측정기를 설치했습니다. 차폐 효과를 줄여 정확한 값을 측정하려고요.

박    그럼 측정기를 대시보드에 올려놓으면, 어디선가 출발해 차량 옆쪽에서 오는 방사선은 일부 막힐 수 있지만, 차량 앞쪽에서 오는 방사선은 유리를 거의 다 통과한다고 보면 되겠네요. 혹시 측정기가 어느 방향을 향하느냐에 따라 값이 달라집니까? 마이크도 지향성 있는 제품이 따로 있는 것처럼, 방사능 측정기도 그런 게 있나요?

조      방송 보도에서 쓴 제품을 보면 지향성이 없을 겁니다. 사방에서 오는 방사선을 골고루 다 받을 거예요. 측정기 전면에 액정 화면 있잖아요, 그 액정 앞면으로 들어와 측정기 뒷면으로 뚫고 나가는 방사선도 측정할 수 있을 겁니다.


박      만약 차체의 재질이 달라지면 방사선을 막아주는 정도, 차폐율도 달라지나요?

조      그럴 수밖에 없죠. 납 같은 걸로 차량을 만들었다면 방사선 차폐율이 올라가죠. 특히 우주선 같은 경우 우주인들을 우주 방사선으로부터 보호하기 위해 애를 많이 써요. 앞서 말했던 양성자, 중성자를 방어하기 위해 특수한 물질들로 우주선 안에 우주인들이 숨을 수 있는 공간을 만들어놨어요.


박      정리하면 $0.11\mu Sv/h$는 '국내 안전 기준치'가 아니라는 거고, 후쿠시마에서 안전 기준치의 800배가 나왔다는 표현은 전혀 사실과 다르네요. 물론 측정된 수치가 정상은 아니지만, 기사에서 쓴 표현은 잘못됐다고 볼 수 있고요. 이런 보도는 취재기자가 기사를 쓰면 이 기사를 검토하는 데스크나 그 윗선에서도 방사능에 대해 사실 정확히 잘 모르는 경우가 많기 때문에 팩트체크가 잘 안 되는 것 같습니다. 방사능 기사를 과학적 팩트에 근거해서 정확히 쓰는 게 정말 어려운 것 같아요.

# 세슘 걷어낸 흙을 먹으면
# 소가 죽는다고?

## 소가 죽는다고 인터뷰한 교수의 정체는?

**박**    이번 보도는 방사선을 공부한 분들한테 유명할 것 같은데, 후쿠시마에서 쓰러진 말이 부르르 떠는 영상이 있어요. 이번엔 후쿠시마 소가 나왔습니다. 세슘에 오염된 흙을 걷어내 모아둔 제염토 포대가 찢어지는 바람에 흘러나온 흙을 소가 먹는다는 거예요. 흙에는 당연히 세슘이 들어 있겠죠. 그러면서 전문가 인터뷰로 "그렇게 하면 소가 죽는다는 걸 뻔히 알면서 저렇게 오픈시키는 게 충격적이다"라고 보도했어요. 세슘이 들어 있는 흙을 소가 먹으면 죽는다는 거지요. 후쿠시마는 위험하다는 인상에 부합하는 것 같은데, 소가 죽는다는 게 과연 사실일까 의문이 들더라고요. ICRP가 동물에 대한 방사선 영향도 연구하는지, 일단 궁금합니다.

조      ICRP는 동물에 대해서
도 연구합니다. 대개 동물은 인간

보다 최소 10배 내지 100배가량 방사능에 강하다는 게 확인되고 있
어요. 실제로 ICRP가 동물과 식물에 대해 방사선 방호 연구를 시작
한 건 2007년 정도예요. '인간뿐만 아니라 자연 생태계도 방사능 피해
로부터 보호해야 한다'는 개념을 2007년 ICRP 103번 보고서에 처음
으로 넣었습니다.


박      실제로 연구를 어떻게 하는 건가요?

조      ICRP가 12가지 동물과 식물을 골고루 선정했습니다. 어류
부터 조류, 포유류, 파충류, 곤충까지 해서 12가지를 골랐습니다. 대
형 포유류는 사슴, 소형 동물은 쥐, 오리, 개구리, 송어, 넙치, 벌, 게, 지
렁이, 식물로는 소나무랑 야생풀이 포함되었습니다. 마지막이 미역이
에요. 이 12가지를 대상으로 방사선으로부터 얼마나 피해를 받는지,
선량을 받았을 때 얼마만큼 피해가 나타나는지 연구를 진행해왔어요.
그 예비 결과에 따르면 '사람보다 최소한 10배에서 100배 정도 방사
능에 더 강하다'고 나옵니다. 그러니까 '방사선에 사람보다 민감하지
않다'는 게 현재까지 밝혀진 조사 결과이고, 그 대표적인 사례가 체르
노빌입니다.

박      체르노빌요? 거기서도 동식물 조사를 했습니까?

조      체르노빌 지역에는 사람의 출입을 통제하는 광대한 지역이 있는데, 지금 그 지역은 사실 동물들의 낙원이 되고 있습니다. 유럽에서 멸종 위기에 있는 야생말 한 종이 현재 체르노빌 지역에서 아주 번성해서 잘 살고 있다는 게 확인됐어요. 소가 후쿠시마 오염토를 먹어서 죽을 수 있다는 건 전문가 입장에서 봤을 때 가능성이 크지 않은 얘기예요.


박      체르노빌 사고로 인한 피해가 컸던 건 사실이지만 출입 통제 지역에서는 그런 변화도 있었군요. ICRP가 12가지 동식물을 연구한다고 했는데, 소는 조사한 바가 없나요?

조      소는 포함되어 있지 않아요.


박      소가 포함되어 있지 않은데, 사람보다 방사선에 강하다고 확신할 수 있을까요?

조      생명체의 진화를 보면 '어양파조포'잖아요? 어류, 양서류, 파충류, 조류, 포유류. 이렇게 진화되어 왔어요. 지금까지 연구 결과를 보면, 진화가 많이 된 것일수록 방사능에 민감해요. 어류는 확실히 방사능에 민감하지 않고 강한 걸로 나타나요. 방사능에 가장 강한 건 곤충입니다.

박    진화에 따라 그렇게 본다면, 소도 포유류니까 사람처럼 방사
능에 민감하다고 볼 수 있지 않을까요?

조    그렇게 생각할 수도 있는데, 소가 사람처럼 방사능에 민감하
다는 연구 결과는 아직 나온 게 없어요. 체르노빌과 후쿠시마의 차이점
이 하나 있습니다. 체르노빌 때는 소하고 인간이 동시에 대피했어요.

박    후쿠시마 사고 때는 달랐습니까?

조    후쿠시마 때는 동물은 놔두고 사람만 대피했지요. 그래서 그
게 문제가 됐죠. 왜냐하면 동물들이 굶어 죽었어요. 사람이 농장에서
철수해버려 먹이를 주는 사람이 없었으니까요. 그래서 윤리적인 관점
에서 문제가 됐습니다.

박    '소가 제염토를 먹으면 죽는다'는 인터뷰를 한 교수를 확인해
봤더니 한 예술대학교 소속이더라고요. 그래서 교수 개인의 이력을
보니 사진을 전공한 분이었어요. 방사선을 전공하거나 연구한 사람이 아닌데, 기자가 왜 이분을 인터뷰해서 전문가 멘트로 보도했는지 좀 이상합니다.

진화가 많이 된 것일수록 방사능에 민감해요. '어양파조포' 순서죠. 그래서 어류는 확실히 방사능에 민감하지 않고 강한 걸로 나타나요. 방사능에 가장 강한 건 곤충입니다.

조    그런 인터뷰에 스스럼없

이 나서는 분이 사실 꽤 있는 것 같아요.

**박** 저는 우리 언론이 방사선 관련 보도를 할 때, 과학자를 인용한 보도가 많지 않아 아쉽더라고요.

**조** 공감합니다. 식품의약품안전처 직원이 저한테 해준 얘기가 있어요. 그 직원이 최근 가장 고생한 사건이 중국 식품 농약 사건인데, 의외로 쉽게 풀렸대요. 우리나라 농업 분야에서 일하시는 분 중 농약 독성 전문가의 저변이 꽤 넓기 때문이라는 거예요. 그런데 후쿠시마 사고가 났을 때 방사능 음식 속에 들어 있는 독성에 대해 얘기해줄 수 있는 교수가 국내에 거의 없더래요. 너무 절실하게 느꼈답니다. 방사선 리스크에 대해 과학적으로 얘기해줄 수 있는 우리나라 전문가 저변이 너무 취약하다는 걸요. 그래서 아무나 전문가라고 나선다, 이겁니다. 저도 정말 너무나 공감하는 이야기입니다.


## 말 50마리가 방사선에 피폭돼 숨졌다?

**박** 말이 쓰러지는 영상 얘기로 넘어갈게요. 뉴스에 많이 나와서 보신 분도 있을 거예요. 일본 이타테 마을 목장에서 말이 방사능에 쓰러져 경련을 일으키면서 죽어갔다는 영상이에요. 보면 굉장히 충격적이에요. 말이 쓰러진 상태로 막 부르르 떨죠. 그 말을 옮기면서 농장 주인은 울고요.

조   저도 그 뉴스 봤어요. 말이 일어나지 못하더라고요. 사실 우리나라에서도 경주마들이 X선을 많이 쬐거든요. 치료하느라고요. 근데 말에 대한 별다른 연구 결과가 없어요.

박   그럼 말이 다른 질병 때문에 경련을 일으켰는지, 아니면 방사선 때문에 경련을 일으켰는지 알 방법이 없나요?

조   그게 어렵습니다. 저도 정확하게 알 수는 없어요.

박   결국 그 누구도 모르는 거죠?

조   뭐라고 자신 있게 얘기할 수 없는 거죠. 그런데 제가 볼 때는 방사능 때문에 그렇지는 않았을 것 같아요. 말을 포함해 동식물이 그렇게 집단적으로 방사선에 많이 노출된 사례도 없습니다.

박   그럼 아까 동물이 사람보다 방사선에 10배, 100배 강하다고 말씀하신 근거는 뭔가요?

조   그건 과학자들이 실제로 방사선을 쬔 동물을 상대로 질병을 연구한 게 아니고, 동물이나 식물 세포를 떼어내 방사선을 쏘아 세포에서 어떤 변화가 일어나는지 연구한 결과입니다. 실제로 동물이 어떤 질병을 일으키고 어떻게 죽는지 연구한 게 아니에요. 실험실에서 염색체 이상이 나타나는 빈도수가 얼마인지 조사한 게 거의 전부지요. 그걸 사람이랑 비교할 수 있는 거죠. 방사선을 쐬봤더니, 사람 세포에서 나타나는 염색체 이상 반응보다 훨씬 덜 나타나더라, 그런 얘기입니다. 사슴, 쥐, 오리, 소나무의 경우에는 사람보다 대략 10배 정도 강한 걸로 나타납니다(ICRP Publication 124).

〈ICRP가 정한 대표적인 12가지 동식물별 방사선 방호 기준〉

| 야생동물군 | 생태계 | 참조 동식물 | 참조준위(mGy d$^{-1}$) | | |
|---|---|---|---|---|---|
| | | | 0.1-1 | 1-10 | 10-100 |
| 대형 육상포유류 | 육상 | 사슴 | | | |
| 소형 육상포유류 | 육상 | 쥐 | | | |
| 수상 조류 | 담수, 해양 | 오리 | | | |
| 대형 육상 식물 | 육상 | 소나무 | | | |
| 양서류 | 담수, 육상 | 개구리 | | | |
| 회유 어류 | 담수, 해양 | 송어 | | | |
| 저생 어류 | 담수, 해양 | 광어 | | | |
| 소형 육상 식물 | 육상 | 풀 | | | |
| 해조류 | 해양 | 해조류 | | | |
| 육상 곤충 | 육상 | 벌 | | | |
| 갑각류 | 담수, 해양 | 게 | | | |
| 육상 환형동물 | 육상 | 지렁이 | | | |

출처: ICRP Publication 124

※ mGy는 흡수선량의 단위로 감마선이나 X선의 1mGy는 1mSv와 같다. mSv는 방사선을 온몸에 받을 때 쓰는 유효선량의 단위다.

박    동식물을 2007년부터 연구했으면 결과가 많이 누적되지 않았겠네요? 사람에 대한 연구보다는 관심도 덜할 것 같아요.

조    맞아요, 연구 결과가 많지는 않습니다. 우리나라 한국원자력연구원KAERI에 환경안전연구팀이 있는데, 거기에서는 쌀 등에 대한 연구를 합니다. 우리의 주식인 쌀에 방사선을 쏴서 얼마만큼 변화가 나타나는지 연구하는 거지요.


박    소든 말이든 방사선으로부터 어느 정도 영향을 받는지 아무도 확신할 수 없는 상황인 것 같은데요, 보도를 보면 "말 130마리 가운데 50마리가 피폭되어 숨졌다", 이렇게 단언한 표현이 있더라고요. 근데 정확한 팩트는 사실 아무도 모르는 거잖아요? 일본에서는 역학조사를 해본 적 있나요? 혹시 논문이 있는지도 궁금한데요.

조    제가 찾아봤는데 그런 논문은 없어요. 또 최근 일본 센다이에 갔을 때 일본 학자들한테 물어보니 그들이 그러더라고요. "지금 말 연구하고 있을 정신이 아닙니다." 지금은 사람이 중요하지, 말 역학조사하고 있을 때가 아니다, 이겁니다.


박    사람도 부검을 해야 사망 원인을 정확히 알 수 있는데, 말도 마찬가지 아닐까요. 보도에 보면 '죽은 말의 피 1L에서 세슘이 28Bq 나왔다'는 내용이 있어요. 당연히 방사능 때문에 죽었다는 뉘앙스를 주죠. 이게 혹시 죽은 원인을 확정하는 단서가 될 수는 없을까요?

조    '사람 피 1L에 세슘이 28Bq 있다'고 가정하고 내부피폭선량을 평가해볼 수는 있을 거예요. 사람 피에 그 정도 세슘이 있으면 우리 몸의 세포가 받는 에너지가 얼마인지 계산할 수 있다는 얘기입니다. 근데 그렇게 많지는 않을 것 같아요. 물론 말은 사람과 다르겠지만, 결과는 비슷할 것 같아요. '몸 전체가 28Bq/kg으로 이미 오염되어 있다'고 가정하고 몸이 받는 방사선량을 계산해볼 수 있죠.

박    그래도 어쨌든 말 피에 1L당 28Bq의 세슘이 있었다면, 그 자체가 정상은 아니잖아요?

조    그건 그렇죠. 과거 핵실험으로 인해 모든 음식물에 들어 있는 세슘이 보통 1kg당 수십 mBq 수준이거든요. 근데 28Bq이니까 자연 방사능 수준의 1,000배 정도 있는 거라고 볼 수 있어요. 결국 28Bq이면 엄청 높은 수준인 건 맞는데, 이걸 몸이 받는 방사선량으로 환산했을 때는 얼마 되지 않겠다, 이런 얘기죠.

박    잠깐, 혹시 계산이 좀 가능할까요? 70kg인 사람의 몸 전체가 28Bq/kg으로 오염됐다고 가정해서요.

조    만일 몸무게가 70kg인 사람의 몸 전체가 28Bq/kg으로 오염됐다고 하면, 그 몸 안에 있는 총방사능은 28Bq/kg×70kg = 1,960Bq

이 되죠. 세슘137의 내부피폭 선량환산계수가 $1.3 \times 10^{-5}$mSv/Bq이니까, 몸속에 있는 1,960Bq로 인해 평생에 걸쳐 받을 내부피폭에 의한 총방사선량은 $1,960$Bq$\times 1.3 \times 10^{-5}$mSv/Bq$=$약 0.03mSv가 됩니다.

**박** 계산이 정말 쉽지 않네요. 일단 '평생에 걸쳐 0.03mSv 받는다'는 것만 알면 되겠어요. 근데 그 정도면, 사람한테 정말 아무 일도 일어나지 않잖아요? 한국인이 자연 상태에서 받는 방사선량이 1년에 3mSv 정도니까요.

**조** 맞아요. 선량이 높은 건 결코 아니에요. 그 방사선량 때문에 사망에 이를 정도까지는 아니라는 얘기죠. 그러니까 방사능이 아닌 다른 원인, 영양실조라든가 다른 병원균에 감염되어 죽었을 가능성이 있어요. 말이 부르르 떠는 게 방사능 때문이라는 건 사실 근거가 없고, 선량 계산을 해봤을 때 방사선 때문에 그렇다고 보기 매우 어렵다는 거죠.

- 후쿠시마 말처럼 인체가 28Bq/kg으로 오염됐을 때 사람이 평생 받는 방사선량: 0.03mSv
- 한국인이 1년간 자연 상태에서 받는 방사선량: 3mSv

박      사람 몸에 세슘이 들어오면 '생물학적 반감기'라고 해서, 몸 밖에 있을 때보다 세슘이 더 빠른 속도로 줄어들잖아요. 세슘137이 몸 밖에서는 30년, 몸속에서는 110일 만에 처음의 절반으로 줄어들죠. 혹시 말에 대해서도 생물학적 반감기에 대한 연구가 있나요?

조      생물학적 반감기에 대한 연구도 없습니다. 사람의 신진대사 과정에 대해서만 연구돼 있습니다. 어떤 물질이 사람 몸속에 들어왔을 때, 얼마 정도 있다가 빠져나가는지, 소변 시료나 대변 시료로 연구된 게 있습니다. 하지만 동물들에 대한 연구는 지금까지 없다고 봐야 돼요.


박      보도를 보면, 말이 경련 일으키는 영상을 후쿠시마 원전 사고 5개월 뒤에 촬영했다고 해요. 그래서 제가 그 당시 이타테 마을의 방사선량률 기록이 남아 있는지 궁금해서 후쿠시마현 홈페이지를 봤더니 사고가 난 2011년 데이터가 남아 있더라고요. 원전 사고가 난 3월에는 이타테 마을에서 $7\mu$Sv/h 정도가 측정됐습니다. 사고 3주 정도 뒤의 수치예요. 그리고 4월에는 $3\mu$Sv/h 정도, 또 말 영상을 찍었다는 사고 5개월 뒤에는 $2.4\mu$Sv/h 정도가 나왔습니다. 물론 목장이 있는 바로 그 장소에서 측정한 수치는 아니지만, 가장 근접한 곳의 측정치니까 참고는 할 수 있을 것 같습니다.

조      사고 3주 뒤에 시간당 $7\mu$Sv가 측정되었다면, 사고가 나기 이

전보다 공간선량률이 대략적으로 150배 이상 높아진 것으로 볼 수 있기 때문에 이타테 마을이 후쿠시마 사고로 방사능 낙진이 많이 떨어진 지역이 분명합니다. 한편 사고 5개월 뒤에 시간당 2.4로 줄어든 것은 요오드131과 같이 반감기가 짧은 방사성 물질들이 자연적으로 사라진 것이 주요 원인입니다. 그런데 만약에 말이 시간당 7μSv인 곳에서 5개월 동안 지속적으로 방사능을 받았다면 대략 25mSv 정도의 방사선 에너지를 받은 것인데, 이 정도의 방사능 때문에 말이 경련을 일으켰다고 볼 수는 없습니다. 물론 공간선량률이 시간이 지나면서 계속 줄어들어서 5개월 동안 받은 방사능량이 실제로 25mSv에 많이 미치지 못했겠지만요.

## 말이 아주 강한 방사선을 맞고 죽었을 가능성은?

박    후쿠시마 원전 사고 직후 방사선이 엄청 강해 말이 죽었을 가능성은 없나요?

조    사람의 경우에는 죽을 수 있는 방사선량이 4,000mSv 내지 5,000mSv입니다. 이것을 치사선량Lethal Dose이라고 합니다. 전문가들은 'LD 50/60'이라는 식으로 말해요. 치사선량을 받은 사람의 50%

가 60일 이내에 죽을 수 있다는 뜻입니다(ICRP Publication 103). 말도 포유류니까 사람하고 비슷할 가능성이 있습니다.

박     말은, 분명히 하자면 추정만 할 수 있는 거죠?

조     그렇죠. 단기간에 치사할 수 있는 방사선량을 사람처럼 4,000~5,000mSv 정도로 예상해볼 수 있다는 겁니다. 방금 사람에 대한 치사선량을 얘기했는데, 그 정도면 무조건 다 죽는다는 게 아니고, 적극적인 치료가 없을 경우 50%가 60일 이내 죽는다는 뜻이에요.

박     그럼 후쿠시마 원전 사고 직후 단기간에 사람에 대한 치사선량 정도, 그러니까 4,000~5,000mSv의 방사선량을 말이 받았을까, 그게 가장 중요한 정보 아닙니까?

조     그렇습니다. 대답은 'Absolutely No', 전혀 아니에요.

박     왜 Absolutely No라고 말할 수 있나요?

조     방사선이 그렇게 많이 나오지 않았어요. 사람이든 말이든 방사선으로 죽는 건 불가능한 정도였어요. 그 정도 선량에 죽는 건 100% 불가능합니다. 유엔방사선영향위원회UNSCEAR 보고서에 나옵니다. 후쿠시마 원전 주변에 사는 성인들이 사고 직후부터 그 지역을 떠날 때까지 방사선을 얼마나 받았느냐 하면 평균 5mSv 이하였어요.

원전 근처를 나중에 떠난 성인은 평균 10mSv 이하였고요. 내부피폭과 외부피폭을 합쳐서 그 정도였어요(UNSCEAR 2013 REPORT Vol. I "Sources, Effects and Risks of Ionizing Radiation").

- 사람에 대한 치사 방사선량: 4,000 ~ 5,000mSv (단기간)
- 후쿠시마 원전 주변 주민 피폭량: 5 ~ 10mSv (1년 이상)

박    원전 주변 주민들이 평균 5~10mSv를 받았다는 건데, 어느 정도 기간에 걸쳐 받았다는 겁니까?

조    단기간, 그러니까 1~2주에 그 정도 피폭을 당한 게 아니라 누적 수치입니다. 사고가 난 뒤 1년 이상 누적된 피폭량이에요.


박    인간에 대한 방사선 치사선량은 4,000~5,000mSv다. 말에 대한 방사선 치사량은 현재로선 연구된 바가 없어 알 수 없다. 그런데 후쿠시마 사고 뒤 1년 이상에 걸쳐 주민이 얼마나 피폭했는지 데이터를 보면 5~10mSv 정도다. 그러니 말 세포에 방사선을 쬐어본 연구 결과는 없지만, 말이 방사선 때문에 쓰러져서 경련을 일으키고 여러 마리가 죽을 가능성은 거의 없다고 추정할 수 있겠네요.

조    그렇죠, 말이 방사선 때문에 죽었다는 건 말이 안 돼요. 방사선에 대한 상식이 있는 전문가라면 상상할 수도 없는 일이죠.

박　　사람이든 동물이든 방사
선 때문에 죽었다는 걸 어떻게 입
증할 수 있나요?

조　　아주 중요한 질문입니다.

말이 방사선 때문에 죽었다는 건 말
이 안 돼요. 방사선에 대한 상식이 있
는 전문가라면 상상할 수도 없는 일
이죠.

과연 방사선에 의해 죽었느냐 아니냐, 그게 매우 중요한 개념이에요.
그걸 전문적으로는 '기인성'이라고 하죠. 방사선이 사망 원인으로 작
용했느냐 하는 겁니다. 지금까지 인간에 대한 연구는 원폭 생존자를
대상으로 한 것밖에 없어요. 동물에 대한 연구는 아예 없죠.

박　　일본에 떨어진 원자폭탄 두 개를 말씀하시는 거예요?

조　　맞아요, 히로시마와 나가사키에 떨어진 그 원자폭탄요.

박　　4,000~5,000mSv가 인간에 대한 치사 방사선량이라는 것도
거기서 나왔나요?

조　　그것도 원폭 희생자에 대한 연구에서 나온 겁니다.

박　　만약 사람이 죽어서 부검을 했는데, 그게 방사선의 직접적인
영향을 받은 거냐, 아니면 방사선이 영향을 미쳐 몸 어딘가에 탈이 나
서 2차 감염으로 죽은 거냐, 그걸 연구에서 입증했는지 궁금합니다.

조　　1945년 당시엔 병원 치료를 제대로 못 받았잖아요. 전쟁 상

황이었으니까요. 그런 상황에서 4,000~5,000mSv 정도를 피폭당한 사람의 절반이 60일 이내 죽더라는 거예요.

박　　　원자폭탄이 터졌을 당시엔 방사선을 맞았으나 생존했는데, 나중에 방사선으로 탈이 나서 2차 감염으로 숨졌을 수도 있는 거네요?

조　　　그렇죠. 방사선 때문에 면역 체계가 붕괴돼 외부 병원균으로부터 몸을 보호할 능력이 없어지면서 2차적으로 감염되고, 결국 패혈증이라든가 다른 요인으로 죽었을 수도 있는 겁니다.

박　　　그래도 일반인 입장에선 어쨌든 피폭당해 죽은 거 아니냐 하는 생각이 들 것 같아요. 말이 과연 방사선 때문에 경련을 일으키면서 죽은 것인지, 그 말을 되살려 역학조사할 수도 없는 일이니 정확한 팩트를 알아내기는 앞으로도 어렵지 않을까 싶습니다.

## 일본 정부가 '안전 기준치'를 국제 기준보다 20배 올렸다?

박　　　간단하게 한 가지만 더 팩트체크해볼게요. 보도에 '일본 정부가 안전 기준치를 국제 기준보다 20배 끌어 올렸다. 국제 기준은 1인데, 일본은 20이면 살아도 된다고 홍보한다', 이런 내용도 있거든요. 사실이라고 볼 수 있을까요?

조     제 블로그에서 독자들이 질문하는 대표적인 것 중 하나입니다. 사실 ICRP가 평상시에는 연간 1mSv로 방사선량을 관리하라고 하잖아요. 그런데 방사능 사고가 있을 때는 '1에서 20 사이에서 정해 피폭을 관리하라'고 권고합니다. 사람들에 대한 보호 조치를 취하는 방사선량 기준을 연간 1~20mSv 사이에서 정하라는 거예요.

박     연간 1에서 20mSv 사이로 정해도 주민들이 위험해지는 건 아니다, 이런 전제가 깔린 거네요?

조     맞아요. '연간 1'을 계속 고집해서 사용하지 말고 방사능 사고가 나면 비상시국이니까, 어차피 엎질러진 물을 잘 수습하는 것이 중요하니 1에서 20 사이에서 자국의 특성을 고려해 조치하라는 게 ICRP의 권고 내용이에요. 그래서 일본이 20으로 정한 거고요. 사실 사람들이 정확한 내용을 좀 오해하는 측면이 있습니다.

박     1이라는 숫자를 ICRP는 '안전 기준치'라고 하지 않지만, IAEA는 '안전 기준치'라고 하니까요. 결국 일본이 '안전 기준치를 20배 끌어 올렸다'는 표현도 완전히 틀린 건 아니네요. 물론 본질적으로 '안전 기준'이라고 보기는 어렵지만요.

조     틀린 건 아닌데, 그렇다고 정확한 표현도 아닌 거죠. 연간 20mSv로 했다고 해서 위험해진 것은 아니고, 위험을 관리하는 기준을 20배 올려놓은 겁니다.

박     한국말이 아 다르고 어 달라서 미묘한 차이가 있는 것 같아요. 좀 더 정확하게 표현한다면요?

조     과학적으로 위험이 확실하게 입증된 건 '단기간에 100mSv 이상 받아야 건강에 악영향을 미친다', 이것뿐이지요. 그러니까 100mSv의 1% 수준에서 선량을 관리하는 건 안전 마진을 100 − 1 = 99, 결국

연간 99mSv를 남겨놓은 겁니다. 근데 그 안전의 여유 99를 좀 더 줄여 80으로 해놓은 거죠. 연간 20으로 높였으니까 100에서 20을 빼면 80이잖아요. 위험 관리 기준을 평상시 적용하는 기준과 달리, 안전 여유도를 약간 줄여서 관리하는 거죠.

**박** 본질은 안전의 여유도를 좀 줄인 건데, '안전 기준치를 20배 높였다'고 기사를 쓰면 느낌이 확 달라지는 것 같아요.

**조** 도덕적으로 비난받을 일처럼 보이지요.

**박** 하지만 '안전 기준치'라는 표현보다 더 쉬운 표현은 생각이 잘 나지 않아요. 저도 그렇지만 기자들이 '기준치의 몇 배'라는 표현을 즐겨 쓰는데, 이렇게 표현하면 잘 와닿고, 본질을 효과적으로 잘 전달한다고 생각하는 것 같아요. '안전 기준치를 20배 올렸다'고 하면 완전히 틀린 표현이라고 보기는 힘들지만, 그렇다고 기준치 자체가 굉장히 위험해진 건 아닌데 일본이 대단히 비이성적이고 위험한 행위를 하고 있다는 느낌을 주는 거죠.

# 도쿄의 방사능 핫플레이스,
# 엑스레이 100만 번 피폭?

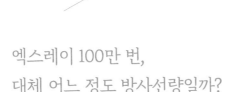

## 엑스레이 100만 번,
## 대체 어느 정도 방사선량일까?

박　　이번엔 온라인 기사를 하나 볼게요. 방송된 건 아니에요. 한 기자가 방사능 시민단체 관계자와 함께 도쿄 '미즈모토 공원'이라는 데에 가서 땅을 좀 파고 측정기를 넣어서 측정해 보도에 쓸 영상을 만들었어요. 근데 일본 시민들이 이렇게 직접 '핫스팟'을 여러 군데 찾아다니면서 측정한 데이터를 하나 인용해서 '7만 Bq 넘는 지역도 있었다'라고 했어요. 근데 이게 어느 정도 수치인지 와닿지 않잖아요? 그래서 시민단체 사람한테 어느 정도냐고 물었더니 '엑스레이X-ray 100만 번 정도'라고 대답했습니다. 우선 흉부 엑스레이 한 번 촬영하면 피폭선량이 어느 정도나 됩니까?

조      통상적으로 0.1mSv 정도 됩니다.


박      엑스레이를 찍는 그 순간, 한 번에 0.1mSv를 받는다는 거죠?

조      그렇죠.


박      그럼 단순히 계산해 엑스레이 100만 번이면 10만 mSv가 되죠, 그렇죠? Sv 단위로 하면, 100Sv가 되는 거고요(1Sv = 1,000mSv).

조      맞습니다.


박      사람에 대한 영향은 둘째치고, 100Sv 정도 나오는 데가 있습니까?

조      방사선을 100Sv 맞으면, 제 생각에는 거의 즉시 사망할 겁니다.


박      즉시 사망이라고요?

조      'LD 50/60'이 한 4,000~5,000mSv 됐잖아요? 무슨 말이냐면, 사람이 전신에 4~5Sv 정도 받으면 그중 50%가 60일 이내 죽는다는 겁니다. 4Sv가 그 정도인데, 100Sv를 맞으면 틀림없이 즉시 사망하죠. 그러니까 공원에서는 있을 수 없는 수치입니다. 절반 정도가 죽는다고 해서 4Sv를 '반치사선량'이라 부르기도 합니다.

박     반치사선량 말고, 연구하는 분들이 방사선을 어느 정도 받았을 때 사람이 100% 숨지는 치사선량에 대해 합의한 수치가 있나요?

조     ICRP 103번 보고서에 있습니다. 15Sv 이상 받으면 중추신경계Nervous System에 장애가 올 수 있습니다.

박     '사망'이란 표현은 없지만 바로 숨질 정도의 치사선량으로 볼 수 있다는 얘기죠?

조     네, 15Sv 이상이면 그렇다는 겁니다. 그러니까 공원에서 엑스레이 100만 번에 해당하는 방사선량, 즉 100Sv 맞는다는 건 있을 수가 없어요.

박     일반인들이 방사선 피폭을 가장 많이 당하는 건 언제일까요?

조     병원에서 암 환자가 치료를 위해 방사선을 받을 때라고 할 수 있지요.

박     피폭량이 어느 정도 되나요?

조     사람 몸과 같은 어떤 물질에 흡수된 방사선 에너지양을 나타낼 때 Gy그레이라는 단위를 쓰는데, 보통 40~60Gy 정도 받습니다.

박     혹시 방사능 사고가 나서 수십 Gy 이상 아주 많은 양을 피폭당한 경우 사후적으로 조사해도 정확한 피폭량을 알 수는 없나요?

조　　그런 경우에도 정확하게는 알 수 없죠. 그럴 때 선량을 평가하는 방법을 '생물학적 선량평가Biological Dosimetry'라고 하는데, 염색체 이상 개수를 세는 겁니다. 그 염색체 이상 개수에서 거꾸로 처음에 방사선을 어느 정도 받았는지, 선량을 추정하는 거죠.

박　　일본에 원자폭탄이 떨어졌을 때는, 사람들이 방사선을 얼마나 받았을까요?

조　　미국의 베어 세븐(BEIR VII) 보고서에 데이터가 나와 있습니다. 당시 총 8만 6,572명이 피폭당했는데, 5mSv보다 적게 받은 사람이 3만 7,000명, 100~200mSv 받은 사람이 5,732명이었어요. 그리고 피폭량이 쭉 올라가 2Sv 이상 받은 사람이 488명이었죠. 이 488명 중 1997년까지 암으로 죽은 사람이 82명입니다. 이게 가장 정확한 데이터예요. 원자폭탄이 떨어진 지점에서 얼마만큼 거리에 있었는지가 중요한데, 10km 넘어가면 사실 피폭량이 거의 없었고, 반경 2.5km 내에 있는 사람들이 많은 피폭을 당했어요.

박　　이 데이터는 누가 조사한 겁니까?

조　　　일본 히로시마에 RERFRadiation Effects Research Foundation라는 방사선영향연구소가 있는데, 거기서 원폭 생존자 약 9만 명에 대해 추적조사를 하고 있습니다. 지금도 하고 있죠. 300명 정도 되는 직원이 계속해서 이 9만 명이 어떤 암으로 사망하는지 추적하는 역학조사를 하고 있는데, 그 보고서들을 요약한 데이터입니다.

〈방사선량 크기별 조사 대상자 수, 고형암 사망, 암 이외 질환 사망〉

| | 원폭생존자가 복부에 받은 방사선량(Sv) | | | | | | | |
|---|---|---|---|---|---|---|---|---|
| | 계 | 0 (<0.005) | 0.005 ~ 0.1 | 0.1 ~ 0.2 | 0.2 ~ 0.5 | 0.5 ~ 1.0 | 1.0 ~ 2.0 | 2.0 |
| 조사 대상자 수 | 86,572 | 37,458 | 31,650 | 5,732 | 6,332 | 3,299 | 1,613 | 488 |
| 고형암 사망 (1950~1997) | 9,335 | 3,833 | 3,277 | 668 | 763 | 438 | 274 | 82 |
| 암 이외 질환 사망 (1950~1997) | 31,881 | 13,832 | 11,633 | 2,163 | 2,423 | 1,161 | 506 | 163 |

출처: Atomic Bomb Survivor Studies, Health Risks from Exposure to Low Levels of Ionizing Radiation: BEIR VII Phase 2 (2006)

박　　　핫스팟 얘기하다 여기까지 왔네요. 보도에서 100Sv 정도라고 했는데, 사실 원자폭탄이 떨어졌을 때도 단기간에 2Sv 받았다는 거죠? 근데 이건 생존자들만 연구한 것 아닌가요?

조　　　그렇죠, 살아남은 사람 중 2Sv를 받은 경우가 있었다는 겁니다. 숨진 사람은 100Sv를 맞았을 수도 있죠. 그건 모르는 겁니다.

박　　　과거 핵실험할 때, 몇 Sv 정도 나왔다는 데이터도 없나요?

조      아마 구소련은 가지고 있겠죠. 미국도 알 거고요.

박      원자폭탄 생존자 중에는 4~5Sv 받은 사람이 거의 없겠네요?

조      그렇죠. 4Sv 정도 맞으면 60일 내 절반이 사망하기 때문에 생
존자는 많지 않다고 봐야죠. 그렇잖아요? 이건 다 전신 피폭이거든요.
그러니까 전신에 4Sv 받았으면 다른 2차 질병이 생겼을 수도 있고, 벌
써 고인이 됐을 가능성이 높아요.

박      결국 엑스레이 100만 번, 그러니까 100Sv를 받는다는 보도
는 말이 안 되는 거네요?

조      과장해도 너무 과장한 거죠. 무지의 소치라고 얘기할 수밖에
없어요.

박      7만 Bq을 쉽게 표현하려다 이렇게 된 건데, 연구할 때 세슘을
많이 만지지 않으세요?

조      대개 3,700Bq짜리를 써요. 계측기가 정확한지 교정할 때 그
세슘을 씁니다. 그거 20개 있으면 7만 Bq 넘어요.

박      이 Bq이라는 값은 거리랑 상관없는 절댓값인가요?

조      1초에 나오는 방사선 개수의 값, 절댓값입니다. Bq이 얼마인

지는 거리랑 아무 관련이 없어요. 그냥 그 물체에서 1초에 방사선이 몇 개 나오느냐, 그 방사선의 '개수'만 뜻하는 겁니다.

박    그럼 Bq을 Sv 값으로, 그러니까 우리 몸에 얼마만큼의 에너지를 주는지 알려주는 Sv 값으로 그냥 바꿀 수는 없겠네요?

조    그렇죠. 정보가 더 필요합니다. 첫째는 어떤 핵종이 있는지 알아야 해요. 그래야 무슨 방사선이 나오는지와 나오는 에너지 크기를 알 수 있어요. 같은 감마선이라고 해도 에너지 크기가 다 다릅니다. 방사선 한 개를 맞았을 때 세포에 전달되는 에너지양이 다 다르다는 얘기죠. 둘째는 방사선원, 즉 방사선을 내는 물질로부터 얼마나 떨어져 있는지 알아야 돼요. 마지막으로 얼마나 오랫동안 그 지점에 있었는지, 시간을 알아야 돼요. 그래야 Bq을 Sv로 바꿀 수 있어요.

박    제가 이걸 왜 여쭤봤냐면, 이 보도에서 기자가 시민단체 관계자한테 Bq 정보만 알려준 거잖아요. 근데 그 자리에서 바로 엑스레이 100만 번이라고 한 건 Sv 값으로 대답한 거랑 똑같지 않아요? 핵종은 당연히 세슘이라고 하더라도, 거리가 얼마나 떨어져 있는지, 어느 정도 오랜 시간 머물렀는지 알려주지도 않았는데 "엑스레이 100만 번입니다"라고 대답한 건 '에너지의 크기가 그 정도입니다'라는 의미와 마찬가지잖아요.

조　　　그렇죠. 그건 완전히 엉터리예요. 그렇게 바로 계산해서 말할 수가 없어요. 어떤 핵종인지, 그리고 거리와 시간을 알아야 돼요. 그래야 Sv 값으로 환산되지요.

박　　　비현실적인 가정이긴 하지만, 제가 1kg당 7만 Bq로 오염된 흙을 사람이 먹는다고 가정해서 피폭량을 계산해봤어요. 하루에 200g씩 먹는다고 하면 1년 피폭량이 70mSv 정도 나오더라고요?

조　　　사실 먹을 수도 없는데요 뭐. 아무튼 그렇게 먹는다고 하더라도 100Sv보다는 엄청 작은 수치죠.


## '핫스팟'에서 실제로 받는 방사선 에너지는 얼마나 될까?

박　　　핫스팟 얘기로 넘어가서, 도쿄의 방사능 핫스팟은 전부 'HIT (진실을 위해 핫스팟을 조사하는 사람들)'라는 곳에서 조사한 거죠?

조　　　제가 그 사이트에 들어가서 데이터를 다 조사해보니 미즈모토 공원이 거의 최댓값으로 나오더라고요. 기자가 그래서 거기로 간 것 같아요.

박    그런데 취재진이 거기 가서 땅바닥 속에 측정기를 대고 측정했을 때는 0.18µSv/h 정도 나왔어요.

조    그러니까 그 지점에서 7만 Bq이 나온 건 아니겠지만, 어쨌든 일반인들은 엄청나게 큰 숫자라고 오해할 수 있어요.


박    일반인들은 핫스팟을 잘 모르니까요. 앞서 머무르는 '시간'이 중요하다고 했잖아요? 예를 들어 핫스팟에서 24시간 있었다면 어떻게 되는 거냐, 이런 궁금증을 가질 수 있잖아요. 방사선량률이 3µSv/h 정도 나오는 곳이라면 어떨까요?

조    3이면 높은 수치죠.


박    높은 수치로 보수적으로 계산해보는 거죠. 공원 핫스팟에서 시간당 3µSv가 나온다고 가정할 경우 하루 24시간이면 72µSv가 나오잖아요. 이건 엑스레이 한 번이 안 되는 거죠. 엑스레이 한 번에 0.1mSv, 즉 100µSv니까요.

조    사실 흉부 엑스레이 한 번에 맞먹는다고 봐야죠. 0.07이나 0.1이나 뭐 비슷하죠. 그리고 요즘 엑스레이는 기계가 좋아져서 한 번에 0.05만 받는 곳도 있어요. 요즘 방사선 의료기기 시장에서 가장 중요한 게 선량입니다. 의료기기 업체의 최대 목표가 선량을 낮추면서도 좋은 영상을 얻는 거죠.

- 3μSv인 핫스팟에서 24시간: 0.07mSv
- 흉부 엑스레이 1회: 0.1mSv

**박**     선량이 이 정도라 해도 핫스팟이 한 군데가 아니라 여러 군데 있을 수도 있잖아요?

**조**     그렇죠, 실제로 여러 군데 있습니다.

**박**     일반인들 입장에서는 '그럼 위험하지 않을까'라고 생각할 것 같은데요?

**조**     가장 중요한 게 핫스팟 근처에 체류하는 시간입니다. 핫스팟이 여러 군데 있다는 건 누구도 부정하지 못해요. 만약 공원에서 산책한다면 그 핫스팟 근처에 머무르는 시간이 짧기 때문에, 연간 선량으로 평가해보면 무시할 정도라고 봅니다.

**박**     핫스팟에서 멀리 떨어져 있으면 방사선을 그만큼 덜 받게 되잖아요. 거리의 제곱에 반비례해서 줄어든다고 했었죠. 거리가 10배 멀어지면 방사선량은 100분의 1로 줄어드는 건데, 그럼 완전히 0이 아니더라도 중간 어느 순간부터는 0에 수렴하는 걸로 봐야 하지 않을까요?

핫스팟에서 10미터만 떨어져 있어도 1미터 거리에서 받는 방사선량보다 100분의 1 수준으로 떨어지는 겁니다.

조　　IAEA가 그 답을 내놓았어요. 방사선량을 언제 0이라고 볼 수 있느냐? '연간 10$\mu$Sv' 정도면 0으로 봐도 무관하다고 봅니다. 연간 선량한도 1mSv의 1% 정도죠(1mSv = 1,000$\mu$Sv이므로 1%는 10$\mu$Sv).

박　　연간 10$\mu$Sv를 시간당으로 계산하면 굉장히 작은 숫자겠네요. 공원에 가는 사람 입장에서는 어디에 핫스팟이 있을지 모르는데, 내가 최소한 몇 m 떨어져 있으면 방사선량이 확 줄어드는구나, 그걸 알아야 할 것 같은데요?

조　　얘기한 대로 10m만 떨어져 있어도 1m 거리에서 받는 방사선량보다 100분의 1 수준으로 떨어지는 겁니다.

박　　이게 왜 거리의 제곱에 반비례하는지, 제가 이해하는 게 맞는지 궁금한데요. 최대한 쉽게 얘기하면, 세슘으로부터 방사선(감마선)이 사방으로 360도, 그러니까 구의 형태로 모든 방향으로 다 퍼지는데 구의 표면적을 구하는 공식에 '반지름의 제곱'이 들어가잖아요? 근데 그 반지름이 세슘에서 사람까지의 거리가 되니까, 거리의 제곱에 반비례한다, 이게 맞나요?

조　　맞아요, 정확합니다.

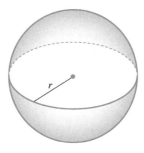

세슘에서 나오는 방사선은 구의 형태로 퍼진다. 구의 표면적을 재는 공식
은 $4\pi r^2$이다(반지름 $r$은 구의 중심인 방사선원에서 사람까지의 거리).

박     그럼 감마선이 그 핫스팟의 중심에서 어느 정도 거리까지 뻗
어나가는 겁니까?

조     감마선은 수 km까지도 나가요.


박     수 km요? 정확한 숫자는 모르나요?

조     그것도 계산을 해야 합니다. 왜냐하면 감마선이 중간에 뭘 통
과하는지 다 알아야 돼요. 공기를 통과하는지, 콘크리트를 통과하는
지, 통과하는 물질의 밀도가 다 다르잖아요. 그래서 계산해봐야 감마
선이 어디까지 도달할지 알 수 있습니다.


박     그럼 진공에서는요?

조     진공에서는 무한정으로 퍼지죠.

박      감마선이 계속 나간다고요?

조      네, 우주 공간에선 그렇습니다.


박      감마선이 어디를 통과하느냐에 따라 달라지겠지만, 어쨌든 수 km를 간다면 그 핫스팟 주변 공원 밖에 있는 사람들도 당연히 핫스팟에서 나오는 감마선을 맞을 수 있겠네요?

조      맞을 수는 있는데, 그 선량이 거리의 제곱에 반비례하니까 엄청나게 양이 적어지죠. 세슘에서 나오는 방사선이 사람한테 도달할 가능성은 있지만 사람이 그 지점에서 멀리 떨어질수록 그 양은 급격하게 줄어드는 거예요.


박      본질적으로 궁금한 내용인데요, 핫스팟에서 나온다는 방사선이 정말 '선'입니까?

조      세슘에서 나오는 감마선은 사실 입자가 아니고 파동이에요. 질량이 0입니다. 세슘에서 눈에 보이지 않는 에너지 파동이 나오는 겁니다. 감마선은 직선으로 가는데 그 주기가 있어요. 에너지가 큰 감마선은 파장이 짧고, 에너지가 작은 감마선은 파장이 길어요. 질량이 없는데 에너지를 전달해요. X선하고 감마선, 햇빛이 그래요. 반면에 베타선, 중성자선, 양성자선, 중입자선은 질량을 가진 방사선이죠.

박     공원에 방사선량률 측정기를 하나 설치해두면 어떨까 하는 생각도 드는데요?

조     몇 m만 떨어져도 영향이 거의 안 나오니 사실 큰 의미 없을 겁니다.


## 방사능 핫스팟은 도쿄 공원에만 있을까?

박     근데 이 '핫스팟'이란 표현을 전문가들도 쓰나요?

조     원래 전문 용어는 '핫 파티클Hot Particle'이에요. 우리 보건물리 책에 보면 방사선 관리 매뉴얼이 있는데, 거기 나와요. 방사성 물질을 다루는 곳에는 핫 파티클이 있을 수 있어요. 방사선을 내는 원소 몇 개가 이탈해서 예상치 않은 엉뚱한 장소에 가서 앉아 있을 수 있으니까요.


박     그럼 핫 파티클의 개념 규정도 되어 있나요? 예를 들면 한 장소에 1kg당 몇 Bq 이상 뭉쳐 있어야 한다든가?

조     그런 건 없어요. 골고루 오염되어 있는 상태가 아니고, 대부분 지점에는 오염이 없는데 어느 특정 지점만 오염되어 있더라, 그것을 핫 파티클로 표현합니다.

박      개념 규정이 좀 느슨하네요. 도쿄의 핫스팟은 그럼 일반적으로 나타나는 현상인가요, 아니면 비정상적인 상황으로 봐야 하나요?

조      비정상적인 것으로 봐야죠. 예상하지 않은 곳에 방사성 물질이 떨어져 있는 거니까 정상적인 상태가 아니죠. 방사선 관리 매뉴얼에 보면 그 핫 파티클이 어디서 나왔는지 원인 규명을 하고, 재발 방지 대책을 세우라고 돼 있어요.

박      일본에서는 핫스팟이 흙바닥에서만 나오고 있잖아요. 대체 왜 핫스팟이 만들어진 겁니까?

조      기상조건 때문이에요. 2011년 3월 11일 후쿠시마 원전 사고가 나고, 12일과 13일에 1호기하고 3호기에서 수소 폭발이 일어나 방사성 물질이 대기 중으로 나왔어요. 이 물질들이 바람을 타고 대부분 바다 쪽으로 날아갔죠. 근데 15일에 바람의 방향이 바뀌어 하필 도쿄 쪽으로 분 겁니다. 그래서 바람에 실려온 미세한 방사성 물질 일부가 도쿄 일대에 떨어진 거죠.

박      원전 사고로 나오는 세슘이 어떻게 땅으로 떨어지나요?

조      세슘은 아주 가벼운 에어로졸 상태이기 때문에 공기 중에 있는 먼지와 달라붙어 크기가 점점 커져요. 그러다가 먼지와 함께 떨어지는 겁니다. 그게 방사능 '낙진'입니다. 근데 이게 세슘이다 보니 물에 잘 녹아요. 흙에도 잘 달라붙고요. 그래서 가정집에서는 지붕의 빗물받이와 집 아래 흙에 주로 세슘이 농축되는 겁니다. 그런 식으로 해서 도쿄 미즈모토 공원 잔디밭 같은 곳에 달라붙어 있었던 거예요.

박    그렇게 해서 핫스팟이 생겼다면 그 공원에만 있는 것도 아니고, 도쿄에만 있는 것도 아니겠네요?

조    당연하죠. 일본 HIT 데이터를 보면, 아주 많은 곳에 있어요.

박    15일에 바람의 방향이 바뀌지 않았다면 도쿄에 핫스팟이 생길 일도 없었겠고요?

조    바람의 방향이 그렇게 바뀌지 않았으면 도쿄 근처는 전혀 오염되지 않았을 겁니다.

박    후쿠시마 원전 사고 당시 다른 방사성 물질도 나왔을 텐데요, 지금 도쿄에 세슘이 있는 건, 그러니까 물에 잘 녹고 흙에 잘 달라붙는 특성 때문으로 봐야 할까요?

조    그렇죠. 후쿠시마 원전 사고에서 나온 방사성 물질 중에 요오드131이 절대적으로 많은데, 이건 반감기가 8일밖에 안 돼요. 그러니까 현재는 다 없어졌죠. 요오드도 도쿄까지 왔고 실제로 다 측정한 데이터가 있는데, 지금은 요오드 핫스팟을 잴 수가 없는 겁니다.

후쿠시마 원전 사고에서 나온 방사성 물질 중에 요오드131이 절대적으로 많은데, 이건 반감기가 8일밖에 안 돼요. 그러니까 현재는 다 없어졌죠.

**박** 핫스팟이 있으면 그걸 파내야 된다고 했잖아요. 그럼 파낸 다음에는 어떻게 처리해야 하나요?

**조** 통에 담아야죠. 우리도 매뉴얼이 있어요. 방사성 물질이 있는지 없는지 확인한 뒤 그 농도를 측정하고, 그 부위를 통에 담아서 보관 창고로 보내죠.

**박** 어디에 있는 창고요? 한국원자력안전기술원KINS에 있나요?

**조** 지하실에 조그마한 창고가 있어요. KINS에는 오염된 핫스팟에서 제거한 건 없고, 이른바 고아 선원Orphan Source이라고 하는 것이 있어요. 부모를 잃어버린 방사성 물질들입니다. 병원이라든가 산업체에서 처음 특정한 목적으로 구입해서 사용하다 여러 가지 이유로 더 이상 필요 없어지면 방사성 물질을 몰래 버리는 일이 있습니다.

**박** 몰래 버리는 건데, KINS에서는 어떻게 찾아내 창고로 옮겨놓습니까?

**조** 고철업체나 제철소 입구에 다 감시 장치가 되어 있습니다. 공항하고 세관에도 있고요. 방사선이 감지되면 삑 소리가 울리죠. 그러면 우리가 확인하고 필요한 조치를 취하는 겁니다. 일부 폐업하는 병원이나 부도난 업체의 경우 그냥 두고 가버리는 경우가 있어요. 그럼 그때부터 방사성 물질 관리자가 없어지는 겁니다. 과거에 서울 노원구 아스팔트에서 방사선이 나온 적 있잖아요? 그게 바로 '고아 선원' 때문입니다.

박    노원구 아스팔트도 핫스팟의 일종인가요?
조    일종으로 볼 수 있지요.

박    그럼 일본 정부도 원칙적으로는 핫스팟을 발견하는 대로 모두 가져다 보관해야 맞는 거죠?
조    당연하죠. 일본 전문가들한테 물어보니, 그 핫스팟을 발견해서 처리하는 건 지방정부 책임이라고 하더군요.

박    중앙정부가 하든 지방정부가 하든, 하는 게 맞는 거잖아요?
조    하는 게 맞죠. 근데 왜 안 하느냐고 물었더니 여력이 없다는 겁니다. 우선순위에서 밀리는 거죠. 또 제 생각에는 일본도 정말 그게 위험하면 민감하게 대응할 텐데 건강에는 큰 영향 없다고 보는 거죠.

# 후쿠시마에 며칠만 머물러도
# 암 발생률 증가?

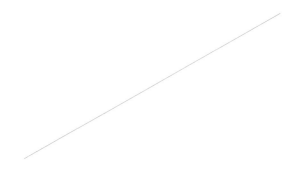

## LA타임스, 대체 뭐라고 보도했기에?

**박**　이번엔 굉장히 중요한 내용입니다. 국내 한 방송사가 직접 취재한 건 아니고, 외신을 인용해서 보도한 겁니다. 미국 「LA타임스」에 실린 걸 국내 언론이 메인 뉴스에서 인용해 "후쿠시마에 일주일만 있어도 암에 걸릴 가능성이 매일 높아진다"라고 보도했습니다. 원문이 궁금해서 찾아봤더니 「LA타임스」도 'Each day'라는 표현을 썼더라고요. 그러니까 번역하는 과정에서 틀린 건 아니죠. 그런데 'Each day'가 과연 사실인지, '암에 걸릴 가능성이 매일 높아진다'는 것이 사실인지 팩트체크해봐야 할 것 같아요.

**조**　암 발생률이 매일 증가하는지 아닌지가 중요한데, 「LA타임스」가 'Each day'라고 표현한 이유는, '사람 몸이 받는 방사선량이 매일 증가할 것이다', 그러니까 방사선으로부터 받는 에너지양이 하루, 이틀, 사흘, 이렇게 증가함에 따라 비례해서 에너지양과 방사선량도 증가할 것이기 때문 아닐까 생각합니다.

박      그런데 우리 몸이 받는 방사선량이 매일 조금씩 늘어나는 건 후쿠시마뿐 아니라 어디든 마찬가지잖아요. 몸이 받는 방사선량이 매일 조금씩 늘어나는 건 너무 당연한 거 아니에요?

조      그렇죠. 그런 관점에서 보면, 서울에 살든 제주에 살든, 이란 람사르에 살든 자연에서 받는 방사선량이 매일 증가하기 때문에, 어느 지역에 살든 발암 위험은 증가한다고 얘기할 수 있는 거죠. 하지만 따져볼 게 있습니다. 첫 번째는 그 암 위험이 방사선량에 매일 비례해서 증가하는 게 확실한가, 두 번째는 암 위험이 증가할 때 어느 정도 비율로 증가하는가 하는 점입니다.

박      엄청 복잡하게 들리는데요. 이 문제는 결론을 먼저 간단히 듣고 자세한 얘기를 하면 이해하기가 좀 더 쉬울 것 같습니다. 결론적으로 '암에 걸릴 가능성이 매일 높아진다'고 말할 수 있는 겁니까?

조      결론만 얘기하면 '방사선량이 단기간에 100mSv를 넘었을 때 선량이 증가하면, 암 사망 위험이 증가한다'고 확실하고 분명하게 이야기할 수 있습니다. 하지만 후쿠시마에 올림픽 참가 선수단이 가서 며칠 동안 머물더라도 받게 되는 방사선량이 100mSv에는 절대 도달하지 않을 것이기 때문에, "암에 걸릴 가능성이 매일 높아진다"고 단정적으로 보도한 것은 잘못이죠.

박      암 발생 위험이 '매일' 증가하는 게 아니라면, 거꾸로 암에 걸릴 가능성이 아예 높아지지 않는다, 이렇게 얘기할 수도 있는 것 아닌가요?

조      단기간 100mSv 밑에서는 암 발생 위험이 증가하지 않는다, 또는 증가한다, 또는 위험에 변화가 없다? 이런 것은 얘기할 수가 없고, 현재 우리도 알지 못합니다. 모른다고 얘기하는 게 정답이죠. 암 발생 위험이 높아지는지, 암 발생 위험에 변화가 없는지는 현재 과학적으로 밝혀진 바가 없어 아직 모릅니다. 그렇지만 '모른다'는 말이 암에 걸릴 가능성이 매일 높아질 수 있다는 취지는 전혀 아닙니다.

박      정확한 팩트는 100mSv 밑에선 '모른다'는 거고, 100mSv 위에서는 몸이 받는 방사선량과 암 사망률이 비례한다는 거죠?

조      그렇죠, 정확합니다.

# 미국 교수는 정말 그렇게 말했을까?

**박**      이 기사를 보고 궁금해서 「LA타임스」 기사에 인용된 미국 교수한테 이메일을 보냈어요. 진짜 보도된 대로 얘기한 게 맞느냐고 물어봤죠. 나중에 알고 보니까, 박사님도 이메일로 똑같은 걸 물어보셨더라고요?

**조**      당연히 물어봤죠. 이상하잖아요.

**박**      교수 본인 설명이 기사에 정확히 반영되지 않았다, 이런 답장이었죠?

**조**      그 교수의 답장에 본인이 「LA타임스」 기자한테 그렇게 얘기한 배경은 'LNT 모델' 때문이라고 했어요.

**박**      LNT 모델요?

**조**      네. 'LNTLinear non-threshold 모델'은 우리말로 하면 '문턱 없는 선형 가설'이에요. 'linear'는 직선 형태, 즉 선형을 의미하고 'non-threshold'는 문턱이 없다는 거죠. 제가 100mSv '이하'에서는 선량과 암 사망의 관계가 밝혀지지 않았다고 했잖아요. 근데 100mSv '이상'에서는 선량과 암 사망이 정비례 관계니까, 100mSv '이하'에서도 정비례 관계가 있다고 가정하자는 거예요. 그게 바로 LNT 가설입니다.

박　　분명히 하자면, 가정인 거죠?

조　　가정이고, 가설이고, 모델입니다.


박　　'문턱'이라는 건 단기간에 100mSv를 얘기하는 거겠네요?

조　　문턱이라는 개념은, 그 문턱에 해당하는 선량을 넘으면 어떤 영향이 확실하게 나타난다는 뜻이에요. 방사선 피폭으로 인한 암 발생의 '문턱'은 100mSv라고 얘기하는 사람들도 있습니다.


박　　'문턱 없는 선형 가설LNT'은 그 100이라는 게 그냥 없다고 가정하고, 선량이 100mSv 이상이든 이하든, 방사선을 많이 받을수록 암 발생률이 비례해서 높아진다고 가정하자, 그런 뜻인가요?

조　　그렇습니다. 정확한 표현입니다.


박　　0에서 100mSv 사이는 인체에 대한 영향을 모르는 것이 팩트니까, 결국 '백지' 같은 공간이겠네요?

조　　네, 사실은 빈 공간입니다.


박　　그럼 방사선 관련 학계에서 100mSv 이하는 백지 공간이라는데 100% 동의하는 상태인가요?

조　　그건 아닙니다. 100mSv 이하는 지금 점선으로 돼 있잖아요.

아직 과학적으로 알 수 없다는 뜻이죠. 근데 프랑스 과학자들은 그래프를 다르게 그려요. 프랑스 과학아카데미의 결론은, 100은 아니고 그보다 작은 어느 정도 선량 이상에서만 암 발생이 일어난다는 거예요. 문턱이 있는 겁니다. 100보다 낮은 쪽에 문턱이 있다는 것이 프랑스 과학자들의 주장입니다.

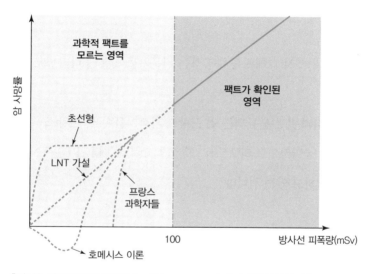

출처: 꺼누의 방사선방호 이야기(https://blog.naver.com/radsafe/221130323709)

박      선량을 조금만 받았을 때는 몸에 오히려 좋다는 얘기도 들었는데, 그것도 그래프로 그릴 수 있나요?

조      그럼요. 그런 주장을 하는 학자들이 있는 게 사실입니다. 그 사람들은 어떤 선량 아래에서는 암 사망 위험이 플러스가 아니고 거꾸로 마이너스가 된다고 주장해요. 건강 증진 효과가 있다는 겁니다. 이게 바로 '호메시스 이론'입니다. 호메시스 이론가들은 낮은 선량에 선 오히려 건강에 좋다고 주장해요. 또 어떤 과학자들은 초선형Super linearity이라고 해서, 선량이 100보다 낮으면 암 사망 위험이 선형이 아니고 오히려 선형보다 더 높아진다고 주장합니다. 결국 이렇게 네 가지 그래프를 그릴 수 있고, 이런 논문들이 다 있습니다.

박　　　네 가지 그래프를 주장하는 전문가들이 혹시 나라별로 분류되나요?

조　　　나라별로 분류되는 건 프랑스 과학자들이죠. 프랑스 과학아카데미는 공식적으로 리포트를 내놓았어요. 그런데 ICRP는 LNT 모델을 채택하고 있는 겁니다.

박　　　논문 결과가 엇갈리더라도, 한쪽으로 쏠리거나 연구 결과에 대세가 있을 수 있잖아요?

조　　　그게 아직 없어요. 100mSv 아래쪽은 관찰되는 결과가 연구마다 다르게 나타나서 국제적인 합의가 아직 없습니다.

박　　　보도 내용으로 돌아가면요, 이건 후쿠시마에 갔을 때를 얘기하는 거잖아요. 후쿠시마에 단기간 머물면 100mSv를 넘을 리 없다고 보시는 건데, 무조건 100mSv 이하 '백지' 상태로 들어간다는 얘기인가요?

조　네, 당연히 100mSv 넘을 가능성이 없죠.


박　그 상태에서 암 발생률이 '매일' 높아진다는 표현은 틀렸다는 건데, 호메시스 이론 빼고 나머지 세 가지 이론은 선량이 늘어나면 그래프가 올라가는 각도가 달라서 그렇지, 어쨌든 암 발생률이 높아진다고 할 수 있는 것 아닙니까?

조　LNT 모델에 따르면 암 발생률이 올라가는 거지만, 호메시스 이론에 따르면 오히려 건강에 좋을 수 있는 거죠. 또 프랑스 과학자들이 봤을 때는 어느 정도 선량에 도달하기 전에는 방사선을 받아도 우리 몸에 아무런 영향이 없다는 겁니다. 그러니까 네 가지 모델을 보면, 선량이 늘어날 때 암 발생률이 커진다고 전부 동의하는 건 아니고, 결국 암 사망률이 '매일' 올라간다고 단정할 수 없는 거죠.


박　일반인들이 듣기에는 호메시스 이론이 황당할 수 있겠네요. 후쿠시마에 가면 방사선을 받아 건강해질 수도 있다, 그런 얘기 아닙니까?

조　당연하죠. 그게 호메시스 이론가들의 연구 결과예요. '올림픽 선수단이 후쿠시마에 가면 건강이 좋아진다'는 거죠. 프랑스 과학자들은 "아무런 영향이 없다. 이건 암 발생률이 증가하기 전의 선량, 즉 발단선량 아래이기 때문에 매일 암 위험이 증가한다는 건 틀렸다"고 말할 거예요.

박   프랑스 과학자들은 그래프가 상승하기 시작하려면, 그러니까 암 발생 위험이 올라가기 시작하려면 최소한 몇 mSv가 돼야 한다고 하나요?

조   프랑스 리포트를 보면, 대략 10mSv 정도로 되어 있지만 사실 정확하게 기재하지 못하고 있어요. 100보다 훨씬 낮은 쪽에 문턱이 있다고 볼 뿐이죠.

박   호메시스 이론가들의 연구 결과는 일반인들의 상식과 달라서 관심이 가는데요. 소수라고 해도 연구 결과는 다 있겠네요?

조   연구 결과는 있는데 국제적으로 받아들여지는 건 아니에요. 예를 들어 라돈 온천탕을 1년에 20번 이용하는 사람하고, 1년에 1번 이용하는 사람을 비교해봤더니, 20번 이용하는 사람의 건강이 오히려 더 좋더라, 이런 연구 결과예요. 근데 라돈 피폭을 많이 받아서 건강이 좋아진 건지, 아니면 다른 이유가 있는 건지 그 인과관계가 명확하지 않아요. 그래서 소수의 연구 결과에 머물러 있는 겁니다.

박　　실제로 올림픽 선수들이 후쿠시마에 가면 한 달까지 머무르는 선수도 있겠지요. 시간당 3 μSv를 받는다고 하면, 되게 높은 거잖아요? 3 μSv/h로 가정하면 한 달에 2,160 μSv니까, 2mSv를 넘거든요. 그럼 호메시스 이론이 건강에 좋다고 주장하는, 그 구간에 들어가는 건지 얘기할 수 있을까요?

조　　그렇다고 볼 수 있죠. 다만 호메시스 이론을 연구하는 사람들끼리도 아직 무슨 합의가 있는 건 아니에요. 연구하는 사람마다 다르죠. 그래서 뭐라고 정확하게 얘기할 수 없다는 문제가 있습니다.


박　　ICRP가 LNT 모델을 채택했다고 했잖아요. 근데 왜 LNT 모델을 채택한 건가요? 단순히 다수의 연구 결과여서 그런 건지, 아니면 다른 특별한 이유가 있나요?

조　　LNT 모델은 연구 결과로 얻어진 것이 아니에요. 100mSv 이하에서 과연 방사선이 건강에 어떤 영향을 미치는지 아무런 모델이 없으면, 무엇에 근거해서 방사선 방호 조치를 할 것이냐 하는 문제가 있어요. 선량과 건강에 대한 관계를 설명하는 뭔가를 채택해야 하는데, 100mSv 이상에서는 직선으로 비례하는 게 확실하니까, 이것에 근거해서 100mSv 이하에서

> LNT모델은 선량과 건강의 영향 관계를 설명하는 과학적 연구 결과가 아니라, 방사선 방호 조치 수준을 결정하기 위해 도입한 가정이라고 이해하는 것이 중요합니다.

도 그럴 거라고 가정하는 게 과학적으로 가장 타당하다고 판단한 겁니다. 그런 배경에서 LNT 모델을 채택했어요. 따라서 LNT 모델은 선량과 건강의 영향 관계를 설명하는 과학적 연구 결과가 아니라, 방사선 방호 조치 수준을 결정하기 위해 도입한 가정이라고 이해하는 것이 중요합니다.

## 일본 원폭 참사에서 알아낸 암 사망 기준, '단기간에 100mSv'

박    100mSv는 '단기간'에 100이라고 설명해주셨는데, 언론 보도에 보면 가끔 방사선 사고 났을 때, 정부가 원전 종사자의 피폭선량을 "5년에 100mSv로 관리하고 있다"는 표현이 많이 나오거든요. 일반인 입장에선 헷갈릴 것 같습니다. 뭐가 맞는 겁니까?

조    '단기간에 100mSv'가 맞습니다. 왜 단기간에 100이냐? 이 그래프를 우리가 어떻게 구했는지 알아야 해요. 이건 일본 히로시마와 나가사키 원폭 생존자들에 대한 역학 연구 결과예요. 9만 명을 50년 가까이 추적해서 얻어낸 결과이기 때문에, 그 생존자들은 단기간에 100mSv를 받은 거거든요. 따라서 이 그래프에서 100은 '단기간에 100mSv'를 뜻합니다.

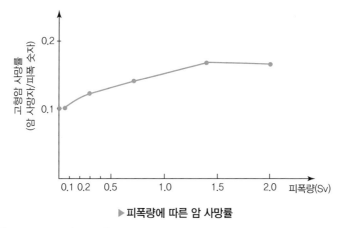

▶ 피폭량에 따른 암 사망률

출처: Atomic Bomb Survivor Studies, Health Risks from Exposure to Low Levels of Ionizing Radiation: BEIR VII Phase 2(2006)

※ 출처의 데이터(82쪽의 표)를 바탕으로 필자가 계산한 피폭량 구간별 사망률: 0.005~0.1(0.104), 0.1~0.2(0.117), 0.2~0.5(0.120), 0.5~1.0(0.133), 1.0~2.0(0.169), 2.0 이상(0.168)

박    100mSv 이상에서는 아주 정확하게 정비례합니까? 보통 이런 조사를 할 때 여러 케이스를 조사한 다음 직선 그래프를 만들잖아요. 완벽하게 정비례하는 게 아니면, 직선 위아래로 점들이 많이 찍힐 수 있죠?

조    히로시마와 나가사키에서 피폭된 사람들의 그룹을 그 선량에 따라 일단 나눠요. 100~200mSv, 200~500mSv, 500~1,000mSv, 그다음에 1,000~2,000mSv, 또 2,000mSv 이상. 이렇게 여러 그룹으로 나눠서 추적 조사를 한 겁니다.

박      그러니까 이게 한 명 한 명 개별 케이스를 조사해서 선으로 이은 게 아니라, 역학 조사를 하고 그래프를 범주화했다는 거죠?

조      맞습니다. 집단에 대한 그래프입니다.


박      피폭선량을 나눈 범주가 100mSv 이상에서 5개인데, 5개 포인트를 이어보니 직선이 되더라 그 얘기네요?

조      그렇죠. 1945년에 원자폭탄이 터진 이후 1950년부터 1997년까지 조사한 겁니다. 그러니까 50년 가까이 되는 47년 동안 조사한 거죠.


박      생존자들이 이만큼 피폭당했다는 걸 사후에 어떻게 알아냈나요? 원자폭탄이 터졌을 때 이 사람들한테 측정기를 나눠준 것도 아니잖아요?

조      그걸 선량 재평가Dose Reconstruction라고 하는데, 이 9만 명이 그 당시 어디서 살았는지 일단 거주지를 전부 조사합니다. 그다음에 핵폭탄이 터진 지점부터 집이 어느 정도 거리에 있었는지, 그리고 핵폭탄이 터진 지점하고 집 사이에 무슨 장애물이 있었는지 자세히 조사합니다. 그런 걸 전부 반영해서 그 당시 이 사람이 얼마나 많은 선량을 받았는지 재평가한 겁니다.

박     원폭 생존자들로부터 세포를 떼어낸다든가, 유전자 변형 정
도를 조사한 건 없었나요?

조     그런 건 없었고, 사후 계산을 한 겁니다. 어느 지점에서 얼마
만큼 선량을 받았는지 계산해서 실제 그래프로 만든 거죠. 한 사람이
한 게 아니고, 수백 명의 과학자가 한 겁니다.


박     '100mSv 이상'에서는 선량과 암 발생률이 비례한다, 그럼 이
통계는 전부 암 사망자 데이터만 반영된 건가요?

조     네, 암 발생자와 암 사망자 데이터예요.


박     그럼 방사능을 많이 맞아 면역체계가 망가져서 폐렴에 걸리
거나 다른 2차 질병으로 숨진 건 이 데이터에 포함되지 않았겠네요?

조     그렇죠. 이건 암 발생자와 암 사망자만 다룬 것입니다.


박     근데 피폭되지 않았더라도 암이 생길 수 있는 것 아니에요?

조     이걸 연구할 때, 피폭이 전혀 안 된 상태에서 암으로 죽은 데
이터를 모두 감안해서 결과를 낸 겁니다. 또 이 사람이 원폭이 터진 곳
근처에 살아서 피폭돼 암이 생긴 건지, 아니면 담배를 많이 피워 암이
생긴 건지, 이걸 이른바 복합 효과Confounding effect라고 해요. 이 데이
터를 처리할 때 생활 습관을 다 조사해서, 그런 복합 효과를 반영해 통

계 처리를 한 겁니다.

박    암이라고 하면 모든 종류의 암이 통계에 잡히는 겁니까? 아니
면 특정 암만 계산하나요?

조    이 연구 결과는 모든 종류의 암을 조사했습니다. 이 사람들
데이터에서, 예를 들어 똑같이 100mSv를 맞았는데, 폐암으로 죽은
사람도 있고 간암으로 죽은 사람도 있고, 방사선의 영향이 장기별로
다를 것 아니에요? 그러니까 무슨 암이 생겼는지, 그리고 각각의 암이
얼마나 생겼는지도 조사한 겁니다. 방사선이 우리 장기 중 어디에 영
향을 크게 미치는지, 즉 어떤 장기가 방사선에 가장 민감한지 나타내
는 '조직가중인자Tissue weighting factor'라는 게 있어요. 이 조직가중인자
도 바로 여기서 나온 겁니다. 방사선이 우리 인체의 어떤 장기에 얼마
나 민감한 영향을 미치는지도 원폭 생존자에 대한 장기간 연구에서
나왔다는 얘기지요.

박    단기간에 100mSv의 방사선을 받았을 때 암으로 사망할 확률
이 0.5% 정도라고 하는데, 그러면 1,000명 가운데 5명이 암으로 숨
진다는 얘기잖아요. 이것도 원폭 생존자 연구에서 나온 건가요?

조    그렇죠. 그런 수치의 상당수가 알고 보면 원폭 생존자들에 대
한 역학 연구 데이터에서 나온 겁니다.

박        단기간에 101mSv를 피폭당한다고 해도 암으로 사망하지 않을 수 있는 거고요?

조        당연하죠, 그런 데이터가 다 있잖아요. 82쪽의 표를 다시 보면 1~2Sv를 받은 1,613명 중 274명이 암으로 죽었잖아요. 나머지는 암으로 죽은 게 아닙니다.


박        근데 100mSv 이상부터 암 사망률이 비례한다고 하니까, 왜 하필 100일까 궁금하더라고요. 이 표를 만든 과학자들이 피폭량을 100에서 나눴으니까 결국 100이 된 것 아닙니까?

조        암이 발생하는 사람들이 어느 정도 선량을 받았는지 분류해보니 대략 100 근처라는 것이 드러난 거죠.


박        몇 만 명을 조사했는데, 암 사망률이 하필 100mSv부터 비례한다는 결과를 듣고 나니까, 숫자가 너무 똑 떨어지잖아요? 그러니까 왜 100이냐, '99mSv 이상에서 비례한다', 연구 결과가 이렇게 나왔을 수도 있잖아요?

조        당연하죠.


박        표를 만들 때, 피폭량의 범주를 99에서 끊었으면, 그렇게 나왔겠죠?

조    맞아요. 근데 구분을 99나 101에서 하는 연구자는 없을 겁니다. 왜냐하면 이 숫자들, 즉 선량 재평가 결과값들도 모두 어느 정도 불확실성을 갖고 있거든요. 그래서 자연스럽게 100에서 끊었어요. 이렇게 해서 원폭 생존자 데이터로 보면 100mSv 이상부터 피폭선량과 암 사망률이 비례한다고 나온 겁니다. 그럼 왜 100만 쓰느냐? 현재 과학적인 데이터가 이것밖에 없기 때문이에요.


## '100mSv 이하'에서 암 발생 연구 결과는 어떻게 나오고 있는가?


박    100mSv 얘기가 중요하니 좀 더 팩트체크할게요. '100 이하'에서는 아까 네 가지 그래프를 보여주시면서 다수 의견이라고 할 만한 것도 없다고 했잖아요. 그럼 ICRP 의견에 동의하지 않는 과학자도 많겠네요?

조    당연히 엄청나게 많죠. 프랑스 과학자들, 호메시스 이론가들, 초선형을 주장하는 과학자들은 절대로 동의하지 않죠.


박    연구 결과가 그렇게 중구난방으로 나오나 보죠?

조    왜냐하면 이 100mSv보다 낮은 선량, 예를 들면 10mSv 정도는 우리 인체에 해로운 건강 영향이 확실하게 나타날 만큼 큰 양이 아니에요. 그래서 연구 방식에 따라 결과가 일관성 없게 나타나는 겁니다.

박    제가 취재하다 보니 딱 그 말씀을 하시는 과학자가 있더라고요. 실험실에서 '100mSv'라는 게 작은 선량이라서, 그걸 맞추기도 어렵다고 얘기하는 분이 있던데요?

조    맞아요. '100mSv'도 에너지 크기가 작은 거예요. 과학자들이 들여다봤을 때 뭔가 변화가 나와야 하잖아요? 100 이하에서는 변화가 잘 안 나타나요. 그러니까 확인이 안 되는 거죠. 사실 일부 과학자는 실험 장치를 자기가 원하는 쪽으로 세팅하고 들여다보기도 해요. 그러면 간혹 변화가 나타나는 때가 있어요. 과학자가 세팅한 편향된 방향으로 결과가 나오는 거지요. 그러니까 학계에서 아직 일관성 있는 과학적 연구 결과가 나오지 않는 겁니다.

박    실험실에서 연구할 때는 방사선을 어디에 쏘나요? 생쥐에게 쏘나요, 아니면 세포에 쏘나요?

조    대개는 생쥐에게 쏘죠. 하지만 세포에 쏘는 연구도 있어요. 생쥐랑 세포 연구할 때 나라마다 방사선을 어느 정도로 쏘느냐, 정리된 자료가 있어요. 세포 실험에서는 시간당 $1 \sim 60mGy$ 정도 선량률로 쏴요. 일본이 가장 낮아서 $2\mu Gy/h$로 쏘면서 연구하고 있어요.

2$\mu$Gy/h면 실제로 우리가 자연 상태에서 받는 방사선량률의 10배쯤 되는 겁니다. 유럽은 훨씬 높아서 1,300 정도 되고, 미국도 거의 1,000에 가까워요. 그러니까 유럽이나 미국 연구진이 하는 정도로 방사선을 세게 쏴야 변화가 잘 나타난다는 걸 이 데이터가 보여주는 거예요.

## 생물학적 연구에서 사용하는 나라별 선량률

- 일본: 최소 2$\mu$Gy/h
- 미국: 최소 780$\mu$Gy/h
- 유럽: 최소 1,350$\mu$Gy/h

출처: ICRP

※ $\mu$Gy는 흡수선량의 단위다. 감마선이나 X선의 1$\mu$Gy는 1$\mu$Sv와 같고, 1mGy는 1mSv와 같다.
$\mu$Sv와 mSv는 유효선량의 단위다.

박  일본 연구진은 시간당 2$\mu$Gy까지 쏘는데, 그러면 단기간 100mSv 미만 영역에 들어가는 수치잖아요. 실험 결과를 내는 게 쉽지 않겠는데요?

조  쉽지 않죠. 지금 연구가 진행 중인데, 물론 기대는 하지만 결과를 내기가 쉽지 않을 겁니다. 생쥐한테서 뭔가 건강 변화가 나타나야 연구한 사람 입장에서는 보람이 있잖아요? 쏘나 안 쏘나 생쥐가 똑같으면 보람 있겠어요? 2$\mu$Gy라고 하면 비행기 탈 때 상공 높이 올라가면 받는 정도의 선량인데, 사람이 비행기 타고 그렇게 올라가봐야 별 영향 없는 걸 생각해보세요. 연구 결과를 내기가 어렵겠죠.

박　　실험실에서는 무슨 장비로 방사선을 쏘나요?

조　　X선 발생기로 쏩니다. 사람이 병원에서 CT 찍는 거랑 똑같아요.

박　　세슘에서는 감마선이 나오는데, 감마선을 쏘는 게 아니고 X선을 쏘는 겁니까?

조　　X선을 쏴요. 선형 가속기Linear accelerator라고 부르는 장비로 쏩니다. 감마선은 그런 기계 장치에서 안 나와요. 전기적인 장치로 만들어지는 방사선은 다 X선입니다.

박　　그렇군요. 실험실에서는 에너지 총량만 100mSv에 맞추면 되니까, X선이든 감마선이든 상관없다는 건가요?

조　　맞아요. 생쥐나 세포에 미치는 영향은 방사선의 에너지 '총량'만 똑같으면 그게 X선이든 감마선이든 중요하지 않습니다. 사실 X선과 감마선은 본질상 똑같은 거예요. 둘 다 에너지를 가진 파장인데, 보통 X선은 에너지 크기가 조금 작고 감마선은 에너지 크기가 조금 크다고 보시면 됩니다.

박    연구하시는 분들도 결과가 나올지 안 나올지 늘 조마조마하겠네요.

조    그렇죠. 히로시마 사람들이 얼마나 강한 방사선을 받았는지, 그 데이터를 알려드릴게요. 우리가 지금 실험실에서 1~2주 사이 100mSv 쏘는 얘기를 하고 있는데, 히로시마 사람들은 6.9Sv, 그러니까 초당 6,900mSv를 받았어요. 1년이 아니라 1초요. 이게 바로 원자폭탄이에요.

박    방사선을 이렇게 맞고도 운 좋게 회복되면 살아난다는 거잖아요?

조    당연하죠. 받은 총선량이 많지 않으면 살아납니다. 그러니까 이 사람들이 가장 최악의 케이스예요. 가장 심각한 조건에서 피폭한 사람들이기 때문에, 이 사람들의 데이터가 가장 보수적인 데이터라고 보는 겁니다. 그러니까 1~2주에 100mSv 맞은 사람은 이 사람들보다 건강에 대한 영향이 훨씬 적다고 볼 수 있습니다.

박    아까 말씀하신 네 가지 그래프요, 연구 결과가 각기 다르게 계속 나오고 있나요? 아니면 학계에서 더 해봐야 어렵다면서 손 놓고 있는 분위기일 수도 있잖아요?

조    사실 할 만큼 했다는 분위기입니다. 1980~1990년대에 많이 했어요. 2000년대 들어오면서 약간 시들해졌죠. 현재 학계에서는, 아까 일본 연구진이 $2\mu Gy/h$로 쏘고 있다고 한 그 연구를 주목하고 있어요. 그 결과들이 지금 조금씩 나오고 있거든요. 아직 결론이 내려진 건 아니고요. 이것도 사람 세포 연구는 아니고 생쥐 연구입니다.

박　왜 굳이 생쥐를 연구합니까?

조　생쥐는 수명이 인간보다 짧잖아요. 염색체 이상이 생기면 암이 빠른 시간 안에 생길 수 있어요. 구입하기도 쉽고요. 연구 대상으로 삼기에 아주 좋죠. 그런데도 10년, 20년 연구 결과를 누적해서 데이터를 다 모아야 합니다. 사람 연구는 매우 어렵죠.

박　생쥐한테서 어떤 결과가 나온다고 해도, 사람에게서 같은 결과가 나온다고 단정하진 못하잖아요. 사람 세포를 직접 연구해야 인간에 대한 영향 결과가 나올 수 있는 거 아니에요?

조　사실 사람 세포 연구는 한계가 있어요. 우리 인간은 유기체이기 때문에 세포에서 일어나는 변화가 인간의 전체적인 유기체에서 일어나는 건강 변화로 직결되지 않아요. 세포 차원에서는 변화가 감지되고 염색체 이상이 있는 걸 확인할 수 있는데, 그게 반드시 몸 전체의 질병과, 그러니까 암과 연결되지는 않는 거예요. 그 메커니즘이 아직 규명되지 않았습니다.

박      연구하시는 분들 피곤하겠는데요.

조      할 일이 많은 편이죠. 사람 세포 수준에서의 변화가 암이라는 질병으로 어떻게 변화하는지, 분자 단위에서부터 어떻게 개체 또는 유기체organism 단위로 진행되는지, 그 과정이 과학적으로 밝혀진 게 없습니다. 그걸 밝혀내는 사람은 아마 노벨상을 받을 겁니다.


박      네 가지 그래프 얘기로 돌아가서, 아주 미량의 방사선이라도 어쨌든 0보다는 건강에 나쁜 거 아니냐, 악영향을 주는 거 아니냐, 이렇게 주장하는 분도 있어요. 일반인들이 들었을 때는 공감이 되거든요? 맞는 주장입니까?

조      LNT 모델에서 100mSv 이하는 '점선'으로 돼 있었잖아요. 이건 우리가 모르는 영역입니다. 이게 현재 우리가 알고 있는 과학입니다. 그런데 아주 미량의 방사선도 어쨌든 몸에 유해하다고 주장하는 사람들은 100mSv 이하에서도 '점선'이 아니라 '실선'이라는 거예요. 암 발생률이 늘어난다는 거죠.


박      100mSv 이하는 과학에서 합의되지 않은 영역이라서 위험할 수는 있는데, '위험하다'고 단언한다는 거죠?

조      그렇죠. 근데 여기에 대해서는 이렇게 생각하는 사람도 있고 저렇게 생각하는 사람도 있는 거예요. 이게 현실인데, 자꾸 미량의 방

118

사선도 유해하다는 증거가 있으니 '실선'으로 해야 한다고 하면 그건 전혀 과학적이지 않습니다. 근거가 없으니까요.

미량의 방사선도 유해한 영향을 미친다는 게 과학계에서 정설로 인정받으려면 매번 그렇게 연구 결과가 반복적으로 나와야 하는 겁니다.

**박**     그런데 그런 분들은 100mSv 이하 점선 부분에 대해 '그 부분에도 증거나 연구 결과가 있다, 그래서 실선으로 그린 거다', 이렇게 주장하고 있지 않아요? 미량의 방사선도 유해한 영향을 미친다는 게 학계에서 합의되지 않았을 뿐이지, 어쨌든 연구 결과는 있을 것 아닙니까?

**조**     그런 연구 결과가 과학계에서 정설로 인정받으려면 매번 그렇게 연구 결과가 반복적으로 나와야 하는 겁니다. 근데 그게 아니잖아요. 아주 미량의 방사선도 유해하다고 주장하는 분은 한글로 된 예방의학 교과서를 근거로 들기도 해요. 근데 국제적으로 학계에서 합의되지 않은 내용이에요. 과학적으로 사실이라고 볼 수 없는 내용입니다.

# 후쿠시마 가면,
# 며칠 만에 100mSv 넘는 거야?

**박** 이제 후쿠시마 얘기로 넘어가볼게요. 올림픽 참가 선수들이 후쿠시마에 가면, 단기간에 100mSv 넘을까요? 아까 넘을 일 없다고 했잖아요?

**조** 네, 없습니다.

**박** 일반인들은 mSv, Sv 이런 단위를 잘 모르니까 그냥 되게 위험하다고 생각할 것 같은데요. 앞서 언급했던 보도를 예로 들면 쉬울 것 같습니다. 한 언론사가 후쿠시마에서 충격적인 핫스팟을 발견했다고 보도한 수치가 시간당 $90\mu$Sv 정도였죠? 선수들이 그 지점을 갈 일은 없겠지만, 만약에 갔다, 그리고 2주 정도 그 자리에 서 있었다고 가정하고 계산해보니, 2주에 30mSv 정도 나오더라고요. 그럼 100mSv 보다는 한참 밑이니까, 그 지점에 서 있다고 하더라도, '매일 암 위험이 증가한다'고 얘기할 수는 없는 거군요?

---

- 후쿠시마의 '충격적 핫스팟'으로 보도된 수치: 2주에 30mSv
- 암 사망률과 비례하기 시작하는 피폭량 수치: 단기간에 100mSv
- 자연적인 방사선량률이 높은 지역(이란 람사르): 2주에 33mSv

조      당연하죠. 지금까지 쭉 해온 것과 같은 얘기입니다. 단기간에 30mSv 정도 받아서 암 사망률이 증가할지 어떨지는 현재 과학이 모르는 영역입니다.

박      지구에서 자연 방사선이 가장 센 곳도 생각해볼까요. 시간당 100$\mu$Sv까지 나오는 곳이 있었는데, 이것도 비슷하네요. 2주에 33mSv 정도니까, 암 사망률이 늘어날지 어떨지 모르겠네요.

조      사실 자연 방사선량이 그렇게 높은 지역에 사람이 몇 명 사는지 조사한 데이터가 있어요. 사람이 살아야 피폭하는데, 데이터를 보면 거주자가 그렇게 많지 않아요.

박      중국 쓰촨성 장자 지역은 시간당 최고 9$\mu$Sv 정도였거든요. 이건 후쿠시마 원전 근처에서나 볼 수 있는 수치잖아요. 1년이면 80mSv 가까이 피폭되는데, 거주하는 사람들의 건강에 이상이 없다고 하지 않았나요?

조      이건 추정입니다만, 그런 지역에 사는 사람들은 조상 대대로 살아와서 높은 방사선량에 적응돼 있는 것 아닐까 싶습니다. 세포가 적응 반응을 한 것 아니냐고 추정하는 거죠.

박      그런 추정에도 근거가 있을 것 아니에요. 세포가 적응했다고

방사선을 한 번 맞은 사람은 내성이
생겨 방사선에 더 잘 견딜 수 있다고
보는 거예요.

추정할 근거가 있을까요?

조    적응 반응Adaptive Response,
즉 인체 세포의 방사선 적응 반응

은 실험적으로 이미 증명되어 있어요. 예를 들어 생쥐한테 방사선
100을 미리 쐬주고 그다음에 1,000을 쏘는 경우와 그냥 처음부터
1,000을 쏘는 경우, 어떤 생쥐가 더 많이 생존할까요?

박    아, 그게 결과가 다릅니까? 100을 미리 맞은 생쥐가 잘 살아
남나요?

조    훨씬 잘 삽니다. 방사선을 한 번 맞은 사람은 내성이 생겨 방
사선에 더 잘 견딜 수 있다고 보는 거예요.

박    생쥐 말고 사람 세포에서도 그런 결과가 있습니까?

조    있지요. 그건 확실하게 증명되어 있습니다. 거기에 대해 이견
을 내는 사람은 아무도 없어요. 세포의 방사선에 대한 적응 반응은 학
계에서 합의가 이루어져 있습니다.

박    중국 장자 지역이나 인도 케랄라 지역에서 암 발생률에 특이
사항이 없는 게 그런 이유일 수도 있겠네요?

조    그런 개연성이 있는데 과학적으로 증명할 수는 없습니다. 왜

122

냐하면 우리가 수백 년, 수천 년, 수만 년 동안 연구해온 게 아니기 때문이죠.

박 　그럼 장자, 케랄라 지역도 가급적이면 안 가는 게 좋은 것 아닙니까? 방사선량률이 훨씬 높잖아요. 후쿠시마 원전 코앞에 가는 거랑 비슷해요.

조 　그렇습니다. 재미 중국인 2세, 3세들의 대장암 사망률이 굉장히 높은 편입니다. 미국으로 간 중국인 노동자의 2, 3세에서 대장암 사망률이 엄청나게 증가한 이유는 뭘까요? 중국에 살던 할아버지, 할머니, 증조할아버지는 주로 채식을 했는데, 미국 와서 버터랑 고기를 많이 먹은 거예요. 조사해보면 동양인들의 대장이 길어요. 서양인들은 짧고요. 중국인 2, 3세들이 갑자기 고기를 먹어대니까 바로 대장암으로 간 거예요. 이것도 세포의 적응이에요. 방사선도 똑같습니다.

박 　후쿠시마는 그래도 우리나라보다 방사선량률 높은 곳이 엄청 많으니까, 단기간에 100mSv가 되지는 않더라도 장기간에 걸쳐 어쨌든 100이 될 수도 있는 것 아니냐, 이런 생각도 듭니다. 장기간에 걸쳐 100mSv를 받는 건 몸에 아무 이상 없을까요?

조 　단기간에 100mSv 받는 것보다는 변화가 적게 나타난다고 봐야죠. 근데 그 변화가 얼마나 적을지는 모릅니다.

박    1년간 100mSv 받았을 때 몸에 어떤 이상이 생긴다, 이런 연구 결과는 없는 거죠?

조    없어요. 다만 장기간에 걸쳐 100을 받는 거니까 바로 암이 생긴다고 말할 수는 없고, 최소한 그 암으로 사망할 확률이 0.5%보다는 낮을 거다, 이렇게는 얘기할 수 있겠죠.

박    0.5%보다는 낮다고요?

조    단기간에 100mSv 받았을 때 암 사망 확률이 0.5%, 이게 원폭 생존자들의 데이터잖아요? 이건 '단기간'에 100을 받았을 때 그렇다는 거니까, '장기간'에 100을 받으면 그 암 사망 확률보다는 당연히 낮을 거라는 얘기죠. 얼마인지는 모르고요.

## 원전 근무자처럼 방사선을 더 받으면, 암 발생률이 어떻게 될까?

박    우리나라 원전에서 일하는 분들은 피폭선량을 5년에 100으로 관리하잖아요. 왜 5년이에요?

조    5년 정도 지나면 100mSv를 받아서 생긴 세포 DNA 구조의 이상이 회복된다는 겁니다. 5년이면 인체 세포가 정상적인 세포로 회복하는 데 충분한 기간이기 때문에 리셋하는 거죠.

박　　5년에 100mSv는 다른 나라도 마찬가진가요?

조　　그렇죠. ICRP가 그렇게 정해놓았으니까요. ICRP가 유엔방
사선영향과학위원회UNSCEAR의 방사선 연구 결과를 바탕으로 그렇
게 결론 내렸습니다.

박　　조금 전에 리셋이라고 하셨는데, 그럼 6년째부터는 방사선
피폭 계산을 0에서 다시 시작하는 건가요?

조　　그렇죠. 그게 ICRP의 권고예요. 예를 들면 30세에서 34세까
지 5년 동안 피폭선량을 100 이하로 관리했다면, 다음에는 35세부터
39세까지 5년을 계산해서 관리하라는 뜻입니다. 30세에서 34세까지
5년 동안 관리하고, 그다음에는 31세에서 35세까지 5년 동안 관리하
는 게 아닙니다.

박　　왜 그런 식으로 관리하는 겁니까?

조　　5년 동안 100mSv 이하로만 유지하면 그때 세포가 받은 충격
이 회복되어, 다음 5년 기간으로 넘어가지 않는다, 이겁니다.

박　　근데 만약 예를 들어 5년 기준 마지막 해인 34세에 한 90mSv

정도를 피폭당했다고 가정할 경우, 35세가 되면 ICRP 권고에 따라 선량 계산을 리셋해야 하는데, 첫해에 10mSv만 넘어버리면 100mSv를 넘잖아요. 그럼 관리 기준이 불합리한 것 아니에요?

조     아, 그런 불합리성 때문에, ICRP가 이 5년 중 어느 한 해에는 100의 절반인 50mSv를 넘지 말라는 조건을 만들어놨습니다.


박     그럼 가장 최악의 경우에는 피폭량이 어떻게 될까요?

조     30, 31, 32세에는 0이고, 33~34세에 각각 50mSv를 받을 수 있겠죠. 그럼 5년에 딱 100이지요. 그다음 5년 중 처음 2년, 그러니까 35~36세에 각각 50씩 받고, 나머지 3년은 0으로 받는다면 결과적으로는 ICRP의 권고를 지키는 거지만, 33~36세 4년간 각각 50씩 받아, 모두 200mSv를 받는 거지요.


박     그런 최악의 경우 4년 연속 50mSv씩 받아 총 200을 받는다는 건데, ICRP는 방사선을 이렇게 받아도 괜찮다고 보는 거네요?

조     괜찮긴 한데, 대신 나머지 6년간(30~32세, 37~39세)은 방사선을 받으면 안 돼요. 0으로 관리해줘야 됩니다. 방사선 피폭이 있는 직업에 종사할 수 없게 되지요.


박     자연 상태에서도 방사선을 받는데, 0으로 관리하는 건 불가

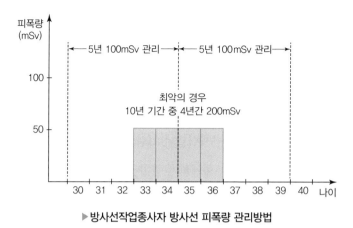

▶ 방사선작업종사자 방사선 피폭량 관리방법

능하지 않나요?

조    아, 그건 제외해야죠. 자연 상태에서 받는 방사선하고 의료
목적으로 받는 방사선은 빼고, 그 밖에 받는 방사선을 0으로 관리해야
한다는 뜻입니다.

박    원전 종사자들이 5년에 100mSv를 다 채웠고 6년째에
10mSv를 더 피폭당했더라도 암 발생률이 증가하는 것은 아니죠?

조    그렇죠. 이건 아까 히로시마·나가사키 연구에서 나온 것과
다른 얘기입니다. 한순간에 100mSv 이상 받으면 암 발생률이 증가한
다는 것과는 관련이 없습니다. 지금은 몇 년이라는 기간 동안 나누어
받는 원전 종사자들 얘기를 하고 있는 거예요. ICRP가 1년에 50mSv
를 넘지 않도록 관리하라고 하잖아요. 이것도 '단기간에 100'보다는

낮잖아요. 그러니까 원전 종사자들의 경우에도 방사선량이 늘어난다고 해서 암 사망률이 비례해서 늘어나느냐? 그건 모릅니다. 원전 종사자가 받는 방사선량도 과학적 증거가 없는 '백지 영역'에 들어가 있는 겁니다. 그런데 '건강한 종사자 효과'라는 연구 결과도 있어요. 이게 뭐냐면 원전에서 근무하는 사람들은 보통 일반인들보다 상대적으로 건강관리를 더 적극적으로 철저하게 하기 때문에 방사선 피폭이 조금 있더라도 암 사망률을 비교해보면 오히려 보통 일반인 그룹보다 낮더라는 겁니다.

박    원전 종사자들은 개인 선량계를 차고 일하나요?

조    당연하죠. 종사자들은 반드시 차야 합니다. 안 차면 법 위반이거든요. 국가가 원전 종사자들의 피폭선량을 계속 모니터링하면서 관리해주고 있죠.

박    그분들은 차라리 숫자로 확실히 나오니까 '내가 이 정도 방사선을 받는구나' 하고 알겠는데, 후쿠시마나 일본 다른 지역에 가는 일반인들은 이런 게 없잖아요?

조    그렇지요. 일본 후쿠시마현 정부가 모든 현 주민에게 개인 선량계를 나눠준 적이 있긴 합니다.

**박**    혹시 일본 갈 일이 있는 분들은, 그렇더라도 후쿠시마 가면 음식으로도 먹을 수 있고, 공기로도 들이마실 수 있고, 방사성 물질이 묻은 흙먼지가 날아올 수도 있는데, 진짜 100mSv 안 넘느냐. 선량계를 차고 있는 것도 아닌데 그걸 어떻게 아느냐며 걱정할 것 같아요.

**조**    물론 그럴 수 있지만, 현재 후쿠시마현에서 먹는 음식에 들어 있는 방사능의 양과 후쿠시마현의 공간방사선량률 같은 데이터로 봤을 때, 여행객들이 한두 달, 아니 6개월 정도 살아도 100mSv 넘을 확률은 제로라고 봅니다.

**박**    완전히 제로요?

**조**    네, 그렇습니다.

**박**    후쿠시마 거주자도 100mSv 넘을 확률은 없나요?

**조**    당연히 0이죠. 아까 유엔방사선영향위원회 보고서 봤잖아요. 원전이 폭발했을 때도 후쿠시마 주민들이 받은 선량이 장기간에 걸쳐 100mSv 안 됐습니다. 원전 근처에 살다가 나중에 다른 지역으로 떠난 성인들이 평균 10mSv 이하로 피폭됐습니다. 9년 정도 지난 지금 시점에서 후쿠시마 거주자가 단기간에 100mSv를 넘는다는 건 말이 안 돼요.

박      그럼 "암 발생 위험이 매일 증가한다", 이렇게 보도할 수 있는 곳이 후쿠시마에 있을까요?

조      당연히 있지요. 후쿠시마 원전 3호기 바로 옆입니다. 제가 일본 학회에 참석했을 때 거기 선량률이 얼마나 나오는지 물어보니 지금도 수십 mSv/h 된다고 합니다. 거기 버스 투어가 있는데, 한번도 안 해봤죠? 전 두 번 해봤는데, 버스가 그냥 휙 지나가요. 그런데도 수치가 확 튀어요.

박      3호기 앞을 지날 때 수치가 워낙 높으니까 마음이 막 조급해지진 않으셨나요?

조      당연히 불안했죠. 내 측정기 수치가 쭉 올라가는데. 수치가 궁금하면 버스에서 계속 들여다봐야 돼요.

박      시간당 몇 $\mu$Sv도 아니고 수십 mSv면, 몇 시간만 있어도 100mSv 넘어가잖아요?

조      거기는 작업자도 접근 금지예요. 로봇밖에 못 들어가요. 원전

3호기 바로 옆 말고는 후쿠시마에 그렇게 높게, 단기간에 100mSv 넘을 수 있는 곳은 없어요.

박    우리나라에는 당연히 없겠네요?

조    네, 없습니다.


# 인웍스 연구,
# 100mSv 문턱은 내려오는가?

박    100mSv 얘기를 길게 하고 있는데요, 이 얘기는 꼭 들어야 할 것 같아요. 인웍스INWORKS 역학 연구 결과요. 뭘 연구하는 겁니까?

조    인웍스 연구란 원자력 시설에서 일하는 사람을 대상으로 조사하는 거예요. 미국, 영국, 프랑스, 독일 등 6개국 원전 종사자 300만 명의 지난 30년간 데이터를 보는 겁니다. 아까 히로시마는 9만 명이었잖아요? 원폭이니까 선량이 높았죠. 근데 이건 300만 명의 30년 데이터입니다. 대신 선량이 낮아요. 왜냐하면 원전 종사자를 연간 50mSv 이하로 관리하니까요.

박    원폭 생존자들 추적 조사하는 거랑 같은 방식인가요?

조    원전 종사자들의 현재 건강 기록, 나이, 사망 원인 등을 조사하는 건 원폭 생존자들 추적과 똑같습니다. 지금 가장 먼저 결과가 나온 게 뭐냐면 백혈병이에요. 백혈병이란 혈액에 생긴 암이잖아요.

박    왜 백혈병 결과가 먼저 나왔나요?

조    백혈병 잠복기가 가장 짧아요. 방사선 피폭 이후 염색체 이상이 생기고, 그게 종양 세포로 발전해서 이 종양세포 숫자가 많아지면 암이라는 질병으로 나타나잖아요? 피폭 이후 암이 나타날 때까지 그 기간이 잠복기인데, 백혈병은 잠복기가 4~5년이에요. 방사선 피폭되고 4~5년이면 백혈병이 생길 수 있는 겁니다. 흔히 고형암solid cancer이라고 하는 폐암, 위암, 간암 등은 대개 잠복기가 20~30년이에요.

박    백혈병 말고는 잠복기가 꽤 기네요?

조    원폭 생존자들도 50년이나 추적해야 해서 지금 데이터가 나오는 거예요. 고형암은 잠복기가 20~30년 정도라서 지금 인웍스에는 고형암 데이터 결과가 아직 안 나오고요.

132

박      백혈병에서는 결과가 어떻게 나왔나요?

조      인웍스 연구 결과도 '선형'입니다. 직선 형태예요. 한 가지 다른 점은, 기존 LNT 모델은 100mSv 이상에서 암 사망률과 비례한다고 했잖아요? 근데 인웍스 연구에서 백혈병은 이 문턱이 50~60까지 내려왔어요. 50~60mSv 이상이면 몸이 받는 방사선량이랑 백혈병으로 인한 사망률이 비례한다는 결과가 나오고 있는 겁니다.


박      인웍스는 300만 명을 조사했다고 하니까 굉장히 신뢰할 만한 데이터인 것 같은데요?

조      당연하죠. 국제적인 공동 연구입니다. 각국에서 데이터를 다 모아서 통계를 내고 있습니다. 주로 서구권 국가에서 하는데, 우리나라도 참여하면 좋겠지요.


박      100mSv 이하 영역, '백지 상태' 영역에서 방사선의 영향이 어떻게 되는지 알 수 있는, 굉장히 중요한 연구가 되겠네요. 그럼 백혈병에 국한해서는 100mSv라는 문턱이 50~60mSv로 낮아질 수 있다는 건데, 학계에서 합의된 상태인가요?

조      거의 그렇습니다. 왜냐하면 인웍스 연구를 부정할 수 있는 사람은 한 사람도 없기 때문이죠. 하지만 아직 백혈병만 그렇다는 거고, 다른 고형암에 대해서는 여전히 모릅니다.

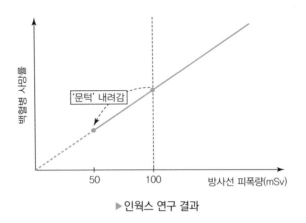

▶ 인웍스 연구 결과

**박**     후쿠시마 얘기를 다시 안 할 수가 없네요. 후쿠시마 갔을 때 단기간에 100mSv는 아니더라도 백혈병은 걱정되잖아요. 단기간에 50~60mSv도 받기 힘들까요?

**조**     네, 어렵다고 봅니다. 원전 사고 났을 때도 장기간에 평균 10mSv였으니까요. 제가 볼 때 도쿄 올림픽이 열린다면 우리 선수들이나 여행객들이 2주 동안 후쿠시마에 머물 경우 맞을 방사선량은 1mSv도 안 될 겁니다. 걱정할 것 없습니다.

**박**     원전 사고가 없는 정상적인 상태에서는 '매일' 암 사망률이 증가한다고 할 만한 곳이 지구상에 거의 없을 것 같은데요?

**조**     네, 맞습니다.

**박**     저도 기자 일을 합니다만, 언론에서 보통 '위험할 수 있다'고 표현하잖아요. 그러니까 아주 미량의 방사선, 알고 나면 암 사망률과 어떤 관련이 있는지 알 수 없는 정도의 방사선량인데도 '위험할 수 있다'고 써요. LNT 모델 자체가 미량의 방사선이라도 더 받으면 암 사망률이 비례해서 높아진다고 가정하고 있기도 하고요. 근데 시청자 입장에서는 그런 보도를 보면, 그냥 '위험하다'고 하는 것처럼 들리거든요. 사실 이런 복잡한 배경을 알기 어려우니까요. 참 고민스러운 부분이에요.

**조**     '위험할 수 있다'는 건 LNT 모델의 가정에 따르면 맞는 표현입니다. 그리고 가능성을 이야기하는 것이기 때문에 그럴 수 있습니다. 하지만 우리가 일상생활을 하면서도 여러 위험 요인이 있는데, 같이 놓고 비교해봐야 돼요. 예를 들어 교통사고를 보면, 우리나라에서 교통사고 사망자가 한 해에 4,000명 안팎이에요. 근데 언론에서 운전하면 위험할 수 있다고 보도하지는 않잖아요? 나 죽을까 봐 어떻게 하지, 걱정하면서 운전대 잡는 사람도 없고요. 다 마음 놓고 운전해요. 그게 위험을 인식하는 차이점이에요. 방사선은 왜 위험하다고 생각하느냐, 차를 운전하면 너무 편하고 좋은데, 방사선은 나한테 아무런 혜택도 안 준다는 생각이 들거든요. 그래서 실제 위험의 크기하고

우리 선수들이나 여행객들이 도쿄 올림픽 기간에 2주 동안 후쿠시마에 머물 경우 맞을 방사선량은 1mSv도 안 될 겁니다.

사람이 위험을 느끼는 체감이 완전히 다른 것 같습니다.

박　　저는 사람들이 방사선에 대해 공포를 갖는 이유 가운데 하나가 '암'에 대한 얘기 때문 아닐까 싶어요. 방사선을 얼마 받았을 때, 건강에 이런 영향을 미친다고 설명할 때, 암 얘기가 제일 많이 나오잖아요. 근데 전문가들이 왜 군이 암만 얘기하는 거죠? 일부러 겁주려고 그러는 건 아니겠죠? 특별한 이유가 있나요?

조　　사실 방사선 피폭으로 생길 수 있는 질병 중에서 적은 양의 방사선으로도 질병이 나타날 수 있는 것으로 확인된 게 암이에요. 여기서 적다는 건 100~200mSv 정도를 말하는데, 그 정도 방사선을 받아서 우리 몸에 나타나는 이상 증세는 현재 확인된 게 암밖에 없어요. 그래서 암을 얘기하는 거지, 설마 겁주려고 그러겠어요? 전혀 그런 거아닙니다. 백혈병이 나타나려면 피폭되고 4~5년, 다른 암은 20~30년 걸려요.

박　　그럼 방사선을 더 세게 받으면 어떻게 되나요?

조　　눈에 단기간에 걸쳐 500mSv 이상 맞으면 백내장이 생겨요. 결정론적인 겁니다. 그 정도 방사선을 받은 사람 가운데 일정 비율은 무조건 백내장이 생긴다, 그 말이에요. 그다음에 피부에 2,000mSv 이상 맞으면 홍반, 피부가 벌겋게 변합니다. 일시적인 불임도 올 수 있고, 혈액 만드는 과정에 장애가 생겨 적혈구와 백혈구 숫자가 일시적으로 변할 수도 있어요.

박    굉장히 강한 방사선을 받으면 일단 백내장에 걸리고, 또 아주 오랜 시간이 흐른 뒤 암이 생길 수도 있는 건가요?

조    방사선을 눈에 많이 맞았으면 백내장에 걸릴 수 있죠. 그러니까 방사선을 어디 받느냐가 중요합니다. 인체에 골고루 많이 받았으면 잠복기가 지난 뒤 백혈병에 걸릴 수 있고요.

박    예를 들어 제가 위胃 위쪽에 있는 피부에 방사선을 강하게 받았다고 하면 일단 위의 위쪽에 있는 피부에 이상이 생긴 다음 위암까지 생길 수 있는 거 아니냐, 그게 궁금한데요?

조    맞아요, 그게 정확하죠. 나중에 20~30년 지나 위암에 걸릴 수도 있습니다. 위암 세포가 자라는 시간이 필요하기 때문이죠.

박    단기간에 100mSv 이상 받으면 오랜 시간 뒤 암에 걸려 죽을 수도 있는데, 오히려 훨씬 높게 500mSv를 받아도 백내장에 그친다고 하니까, 약간 모순되는 느낌이 드는데요. 이건 죽음으로 직결되는

> 방사선을 세게 받으면 일시적인 불임도 올 수 있고, 혈액 만드는 과정에 장애가 생겨 적혈구와 백혈구 숫자가 일시적으로 변할 수도 있어요.

건 아니잖아요?

조　　　500mSv로 백내장이 온다는 건 방사선을 눈에만 맞았을 때 얘기입니다. 방사선을 전신에 받으면 또 상황이 달라져요. 방사선이 그렇게 미묘합니다. 몸의 특정 기관에만 받는지, 아니면 전신에 받는지 일일이 따져봐야 돼요. 우리 몸의 장기마다 방사선에 민감한 정도가 다르기 때문입니다. 그리고 요즘 우리나라 암 치료율이 상당히 높아졌잖아요? 그러긴 힘들겠지만 만약 암 치료율이 100%가 된다면, 사실 방사선을 걱정할 이유가 상당 부분 사라질 겁니다.

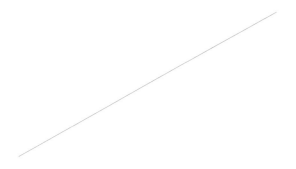

# 제염토 가리려고
# '위장막'을 덮었다고?

## 제염토 덮은 포대,
## 단순 '덮개'인가 '위장막'인가?

박　마지막 기사 팩트체크입니다. '위장막' 얘기부터 해볼게요. 한 방송사 보도에 이런 내용이 있더라고요. 취재진이 후쿠시마에 가서 보니, 도로 근처에 방사능에 오염된 거대한 흙더미를 눈에 띄지 않도록 초록색 포장으로 덮어놨더라는 거예요. 오염토인지 아닌지 확인할 수 없도록 교묘하게 '위장막'을 쳐둔 셈이다, 이런 보도였어요. 근데 이게 위장막이 맞는지 궁금합니다.

조　세슘 흙을 걷어낸 제염토를 포대에 넣어서 한곳에 모아 쌓아두는데, 그 표준 설계가 후쿠시마현에 마련되어 있어요.

박      표준 설계요?

조      네, 제염토 포대를 쌓을 때 그냥 아무 곳에나 아무렇게나 쌓는 건 아니에요. 건물에도 설계도가 필요하잖아요? 오염토를 쌓을 때도 기반을 어떻게 조치하고, 그 위에 어떻게 쌓은 뒤 나중에 덮개는 어떻게 하라는 표준 시방서가 있는 거죠. 그 표준 절차를 보면 사실 제염토 더미 위에 포대를 덮으라는 내용이 있어요.

박      표준 시방서라는 게 후쿠시마현에서 만든 거예요, 아니면 일본 환경성에서 만든 거예요?

조      오염이 심각한 지역, 그러니까 1년에 20mSv 이상 나오는 곳을 제염할 때는 환경성에 책임이 있지만, 20mSv 미만 지역에서는 제염 작업의 책임이 후쿠시마현으로 넘어가죠. 후쿠시마현에 아직도 연간 20mSv 이상 나오는 데가 많잖아요. 주민들 복귀 명령이 떨어지지 않은 지역이 있습니다.

박      똑같은 후쿠시마현이라도, 연간 20mSv 이상은 환경성 매뉴얼에 따르고, 20mSv 미만은 후쿠시마현 규정에 따르는 거네요?

조      그런데 규정이 크게 다른 건 아니에요. 일본 환경성에서 만든 제염 매뉴얼을 후쿠시마현이 거의 그대로 가져다 쓰는 걸로 알고 있습니다.

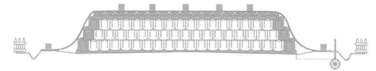

▶**일본 후쿠시마현 제염토 덮개 이미지**(출처: 일본 환경성)

박     환경성 매뉴얼이든 후쿠시마현 규정이든 제염토 흙을 넣은 개별 포대를 어느 정도 잔뜩 쌓아놓고 그 위에 한꺼번에 한 번 더 덮는 거네요.

조     네, 위에다 다시 2차적으로 덮는 거죠. 제염토를 개별적으로 포장해서 직육면체 형태로 쌓은 뒤, 그 위에 한 번 더 덮어 최종적으로 마무리하는 거죠.

박     그럼 위장막이라고 하는 게 맞는 겁니까?

조     위장막이라고 하면 군대에서 많이 쓰는 표현이잖아요? 군사 시설을 덮어서 안 보이게 하기 위한 목적으로요.

박     그러니까 제염토 쌓아놓은 걸 안 보이게 하려는 목적이 맞느냐, 그겁니다.

조     그런 건 아닙니다. 햇볕을 강하게 쬐거나 비가 많이 오면 그 개별 포대가 빨리 손상될 수 있잖아요? 그래서 비닐 재질로 충분히 덮어주도록 되어 있는 거죠. 물론 그 거대한 포대가 초록색이니까 제염토가 안 보이게 덮은 거다, 이렇게 주장할 수도 있겠죠.

박      초록색으로 덮어버리니까요. 빨간색으로 덮는 것보다는 당연
히 눈에 덜 띄겠지요. 또 후쿠시마현에 산이 엄청 많잖아요. 다만 눈
에 덜 띄게 하려는 게 가장 큰 목적은 아니라는 거죠?

조      그렇죠, 이중적인 보호 장치예요. 바람이 세게 불 때 포대에
서 흙이 막 날아가면 안 되니까요.

박      사실 제염토 담은 포대가 한두 개가 아니지 않습니까? 후쿠시
마에 가보니까 정말 어마어마하던데요?

조      많죠, 수만 개는 될 거예요. 포대로 가린다고 하더라도 안 가
려지죠. 그걸 위장하려는 목적이라면 의미 없는 게, 현장에 가보면 아
시겠지만 차 타고 지나가보면 전부 다 제염토 더미예요. 눈에 보이는
게 그겁니다. 사실 제가 볼 때는 그런 현장에 가보지 않은 한국 사람들
한테 공포심을 주기 위한 목적이 좀 있지 않았을까 하는 생각도 들어
요. 엔지니어들은 절대 그런 걸 '위장막'이라고 부르지 않아요.

박      그 포대를 가리키는 용어에 대해 들어본 적 있으세요?

조      그냥 덮개죠, 덮개.

142

박      예상외로 너무 평범한 용어네요. 뭔가 다르게 부를 줄 알았어요. 아무튼 위장막이라는 용어나 비슷한 표현으로도 들어본 적 없다는 거죠?

조      저는 그런 용어를 사용하지 않아요.


박      그렇게 덮어놓으면, 비가 와도 빗물이 제염토 포대 안으로 스며들지 못하겠네요?

조      그런 역할을 할 수 있죠. 방수포 같은 거죠.


박      일본 환경성 매뉴얼을 보니까 위에도 한 번 크게 덮고 제염토 포대를 처음 1층에 쌓기 전 가장 밑바닥에도 한 번 깔게 되어 있더라고요?

조      맞아요. 흙에서 수분이 올라올 수도 있으니까요. 또 제염토가 습기를 가지고 있기 때문에, 2m, 3m, 4m, 5m 쌓으면 위에서부터 눌려 물이 짜져요. 포대 안에서 침출수 같은 게 나올 수 있는 겁니다. 밑에 비닐을 까는 이유는 그 침출수가 땅속으로 흘러가지 않게 하는 목적이에요. 그 침출수를 수거할 수 있도록 방수 포대를 깔아놓는 거죠.


박      그 바닥 처리가 제대로 되어 있지 않으면, 세슘이 녹아 있는 물이 흙으로 스며들어 지하수로 들어갈 수도 있지 않을까요?

제염토 포대를 쌓기 전 가장 밑바닥에 비닐을 까는 이유는 그 침출수가 땅속으로 흘러가지 않게 하는 목적이에요.

**조**     당연히 그런 개연성은 있죠. 그래서 그걸 관리하기 위해 침출수를 수거하는 겁니다. 다만 포대에 세슘이 100 있었다면, 지하수까지 도달할 때 1이 갈 거냐, 0.1이 갈 거냐, 아니면 거의 0에 가까운 양이 갈 거냐, 이건 따져봐야 합니다.

**박**     근데 이 방수포를 깔고, 또 위에다 덮는 이 작업 자체가 제염토를 수천 포대 쌓아놓은 다음에 이루어지는 거니까, 하루 만에 되는 작업이 아니잖아요? 제가 마을을 돌아다니면서 보니까 완전하게 덮개를 덮은 것도 있지만, 대부분은 그렇지 않던데요?

**조**     저도 세 번 가봤지만 많아요. 사실은 덮개로 충분히 덮어놓지 않은 데가 꽤 됩니다.

**박**     덮개뿐만 아니라 제염토 밑바닥도 그렇던데요? 환경성 매뉴얼에는 맨 밑바닥 흙 위에다 방수포를 깔게 돼 있는데, 없는 데가 많이 보였어요.

**조**     후쿠시마현에 표준 시방서 절차가 있긴 하지만 그대로 완벽하게 지켜지지 않는 거죠. 제염토 면적이 워낙 넓기 때문에 한 번에 덮을 만한 방수포를 만드는 것도 사실 어려워요.

박      그럼 기자가 '위장막'이라고 보도한 곳은 매뉴얼대로 되어 있는 몇 안 되는 곳이겠네요?

조      그렇죠. 속된 말로 FM대로 잘 처리해놓은 곳입니다. 어쩔 수 없이 사람 사는 곳 가까이 제염토 포대를 쌓아야 되는 경우가 있잖아요. 그럴 때는 주민들이 왔다 갔다 하면서 보기에도 안 좋으니까, 좀 가리려는 목적으로 초록색 포대를 덮어놓을 수는 있겠죠. 그런 곳이라면 위장 기능도 있을 겁니다. 하지만 야산이나 벌판에 있는 건 대부분 다 노출되어 있어요.


박      제염토 위에 덮개를 덮은 다음 파이프가 꽂혀 있는 곳도 있더라고요? 그거 보면 '야, 저기로 세슘이 나오는 거 아냐?' 하는 생각이 들 것 같은데, 파이프를 통해 세슘이 공기 중으로 다시 나올 가능성은 없나요?

조      그건 흙에서 나오는 가스를 밖으로 방출해주는 파이프예요. 세슘은 포대 안 흙에 그대로 있죠. 세슘이 기체가 되어 파이프 밖으로 나오려면 600도가 훨씬 넘어야 합니다. 어떤 물질이든 기화점보다 더 높아져야 기체로 나올 수 있는 거잖아요? 근데 제염토를 쌓아놓은 상온 상태에서는 그렇게 될 수가 없지요.

## 세슘 흙, 산더미처럼 쌓아놓는 것
## 말고는 방법이 없을까?

**박**　그런데 이렇게 제염토를 쌓아두는 것 말고는 정말 방법이 없을까요?

**조**　일본 정부도 후쿠시마현 곳곳에 수백만 톤의 제염토를 쌓아놓는 건 안 좋다고 판단해요. 그래서 2~3년 전부터 일본 환경성이 원전 사고가 난 곳 근처에 '중앙집중저장시설'을 만들기 시작했어요. 부지를 확보해, 2019년부터 곳곳의 제염토를 거기로 옮기고 있어요. 2022년 말까지 100% 옮기는 게 목표입니다. 요즘 후쿠시마현에 가면 10톤짜리 대형 트럭들이 까만 제염토 포대를 싣고 왔다 갔다 하는 걸 쉽게 볼 수 있어요.

**박**　저도 트럭들이 이동하는 걸 많이 봤어요. 저희가 촬영하는 동안에도 제염토 포대를 잔뜩 실은 트럭이 계속 지나가더라고요. 그게 중앙집중저장시설로 가는지는 모르겠지만요. 근데 저장시설도 어쨌든 쌓아두는 거잖아요. 그거 말고는 대안이 없다고 판단하는 건가요?

**조**　거론되는 다른 대안이 있긴 해요. 일본 환경성 산하 전문가 위원회가 있어요. 방사능 오염토를 어떻게 처리할 것인지 논의하는 전문가 위원회죠. 그 위원회 회의록을 보면 서너 가지 방안이 나와요.

그중 하나가 '매립토'입니다. 간척사업 등을 할 때 제염토로 매립하자는 거죠. 근데 매립토 위에 사람이 사는 건물이나 상가가 들어올 거 아니에요? 그때 사람들한테 미칠 방사선량이 연간 1mSv를 넘지 않게 농도를 계산한 게 있습니다. 제 기억으로는 8,000Bq/kg 정도 됩니다. 이걸 오해해서 일본이 제염토와 관련한 오염 기준을 높였다고 주장하는 사람도 가끔 있는데, 사실이 아닙니다.

박    제염토를 쏟아부어 새로운 땅을 만들면, 그야말로 '세슘 땅'이 되는 거네요?

조    한 300년은 그렇죠. 이게 윤리적으로 비난받을 수 있기 때문에 전문가들이 방법은 내놓았지만, 일본 정부가 아직 결정을 내리지 않았어요. 현재까지 최종 결정은 중앙집중저장시설에 일괄적으로 모아놓는다는 거에요. 후쿠시마현 말고 방사성 물질이 날아가서 오염된 현이 많잖아요? 하지만 어떤 현에서 다른 현으로는 오염토를 절대로 옮기지 못합니다.

박    300년이라고 말씀하신 건 세슘137의 반감기 때문이죠?

조    그렇죠. 세슘137의 반감기가 30년이잖아요. 30년이 지나면 처음 양의 절반으로 줄어요. 반감기가 10번 지나면 300년이 되고, 처음 세슘양의 대략 0.1%가 됩니다. 세슘이 원래 1,000개 있었으면

300년 뒤에는 1개가 되죠.

박　　　원전 사고 직후부터 오염토를 다른 현으로 옮기지 못하게 했
나요?

조　　　네, 단 한 번도 없었어요. 예전에 후쿠시마현에 있는 제염토
를 오사카로 옮겨서 오사카 시민들이 코피 흘리고 머리카락이 빠지고
있다는 얘기가 떠돌았는데, 완전히 잘못된 거죠. 다만 방사능 오염 쓰
레기 말고, 쓰나미 쓰레기가 현의 경계를 넘어 이동한 적은 있어요.

박　　　매립 말고 방사능 오염토를 처리하는 방법으로 제시된 다른
건 없나요?

조　　　농도가 더 낮은 건 '도로 건설'에 쓰자는 의견도 있긴 해요. 도
로는 차 타고 휙 지나가 버리니까 사람이 머무르는 시간이 짧잖아요.
그래서 그것도 옵션 중 하나예요.

박　　　방사능에 민감한 분들이 들으면 깜짝 놀라겠는데요? 세슘 흙
으로 땅을 만들고, 도로까지 만든다는 거잖아요. 예전에 서울 노원구
아스팔트에서 방사능이 측정됐다고 논란이 됐던 일이 생각나네요.

조　　　그렇죠. 일본에선 오염 정도가 아주 낮은 흙을 쓴다는 건데,
그것 외에는 사실 방법이 없어요.

148

박      일본이 지금도 고민하는 걸 보니까, ICRP나 IAEA에서 오염된 흙을 제거하는 매뉴얼을 내놓은 게 없나 보죠?

조      연간 1mSv 이하로 관리하라는 지침을 주고 제염하는 여러 방법이 있다는 문서가 있지요. IAEA의 안전 기준 지침 문서에 보면, 제염 후 어떻게 처리할 것인지 '환경 복구 지침Environment Remediation'이 있습니다. 가이드라인이라고 할 수 있죠.


## 후쿠시마 땅속 5cm 이상, 제염해도 그대로?

박      제염토 얘기에 대해 좀 더 팩트체크해볼게요. 이건 다른 보도인데요, 기사에 후쿠시마 땅속 5cm 이상은 제염을 해도 그대로라는 표현이 있더라고요? 기자가 그렇게 쓰진 않았지만, 이건 5cm 밑에도 세슘이 많은데 그건 무방비다, 차마 처리를 못 하고 있다는 말로 들리잖아요. 흙의 표면만 긁어내는 이유가 있습니까?

조      세슘의 성질 때문에 그래요. 세슘은 물에 매우 잘 녹는다, 물만 만나면 바로 녹아버린다, 수용성이다 이겁니다. 그리고 흙을 만나면 세슘이 흙에 찰싹 달라붙어버립니다. 그래서 연구한 결과 표토, 즉 흙의 겉표면만 제거하면 충분히 방사능 제거가 가능하다는 결론에 도

달한 겁니다.

박    연구 데이터로 나온 게 있다는 얘기네요?

조    일본 과학자들도 연구했지만, 우리나라 과학자들도 연구한
게 있어요. 제주대학교 연구진이 2013년에 내놓은 논문에 실린 그래
프를 보면 세슘134는 땅속으로 2.5cm만 들어가도 0이 돼버려요. 전
혀 안 나옵니다. 세슘137은 좀 더 깊이 들어가고요. 최대 20cm까지
스며들어갈 수 있는데, 세슘137이 가장 높게 나오는 깊이는 7.5cm
정도죠. 거기서 최댓값이 나오고, 대부분은 흙 깊이 15cm 정도 안에
있어요.

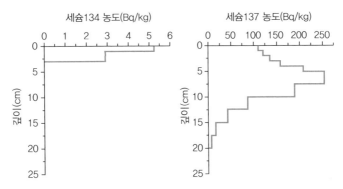

▶토양에서 깊이별 세슘134와 세슘137의 농도

출처: 134Cs and 137Cs radioactivity in soil and moss samples of Jeju Island after
Fukushima nuclear reactor accident, Applied Radiation and Isotopes Volume 81,
November 2013, Pages 379~382

박　한국 과학자가 일본 땅을 조사한 겁니까?

조　제주도 토양을 조사한 겁니다. 1940년대 원폭 실험 때문에 이미 지구의 모든 물과 토양이 세슘137에 어느 정도 오염돼 있어요. 우리나라 모든 토양에서도 세슘이 나와요.

▶제주도 땅 세슘 조사 지역

박　원폭 실험에서 나온 세슘137을 제주도 땅에서 조사한 결과인데, 후쿠시마 땅속에 있는 세슘이랑 똑같이 볼 수 있는 겁니까?

조　차이가 없어요. 왜 흙의 표면만 걷어내는지 과학적인 근거가 될 수 있는 겁니다.


박　이상한 점이요, 왜 세슘134는 흙에 깊이 못 들어가고 세슘137은 깊이 들어갑니까?

조    세슘134는 반감기가 짧아서 들어갈 수 있는 시간이 모자라는 겁니다. 세슘137은 20cm까지 오랜 시간에 걸쳐 들어간 거고요. 비에 녹아서 금방 땅에 떨어진 세슘은 표토에 다 모여 있을 겁니다. 그러다 비가 오면 아주 조금씩 조금씩 밑으로 침투해 들어가겠지요.

박    근데 제주도에서 왜 '세슘134'가 나오죠? 반감기가 짧으니까 과거 핵실험 때 나온 세슘은 아닐 테고, 후쿠시마에서 온 건가요?

조    최근에 발견되는 세슘134는 무조건 후쿠시마 거예요. 후쿠시마 사고가 난 뒤 2011년 4월에 제주도 쪽으로 날아온 거죠. 경기도 교육감이 '방사능 비' 내린다고 휴교령 내린 적도 있었어요. 그게 후쿠시마에서 불어온 바람이 한반도 밑으로 갔다가 거기서 다시 올라오면서 비를 뿌린 겁니다. 비구름이 제주도를 지나 남부 지방과 전국에 비를 뿌렸거든요. 그래서 남쪽 강에서 잡힌 숭어에서 세슘이 나온 적도 있어요. 숭어가 강바닥을 파먹고 살잖아요. 흙에 붙어 있는 세슘을 숭어가 먹은 겁니다.

최근 발견되는 세슘134는 무조건 후쿠시마 거예요. 남쪽 강에서 잡힌 숭어에서 세슘이 나온 적도 있어요. 흙에 붙어 있는 세슘을 숭어가 먹은 겁니다.

박    맞아요. 제가 그때 숭어에서 세슘이 나왔다는 기사를 쓴 기억이 나네요. 지금 찾아보니까, 그때 숭어에서 세슘134가 1kg당

3.58Bq 나왔고 세슘137은 1kg당 6.8Bq 나왔네요.

조       많은 양은 아니지만, 어쨌든 세슘134였기 때문에 당시 한국 원자력안전기술원KINS이 후쿠시마에서 온 거라고 결론 내렸죠.


박       제주도 흙 조사한 자료 말고 일본 학자들이 조사한 결과도 비슷한가요?

조       제가 하나 가져왔습니다. 일본 과학자들이 2014년 10월에 발표한 거예요. 2011년 12월부터 1년 동안 원전에서 100km 이내 지점에서 흙 시료를 채취했어요. 80여 군데에서 흙을 펐는데 71곳에서 5cm 이내에서만 세슘이 나오더라는 겁니다.


박       5cm보다 더 밑으로 들어가면 아예 불검출이었다?

조       2011년 12월부터 1년간 시료를 채취한 거니까, 평균 잡아 원전이 폭발하고 1년 반 뒤의 시료 상태라고 볼 수 있겠지요. 근데 전부는 아니지만 대략 표면에서 5cm 깊이까지 세슘이 검출된다는 얘기입니다.


박       일부 시료이긴 하지만 5cm 이하에서도 검출되긴 하잖아요?

조       그렇죠. 사실 토양의 종류에 따라 특성이 다르기 때문에 어떤 특정한 성질을 가지는 토양에서는 좀 더 깊은 곳까지 내려갈 수도 있겠지요.

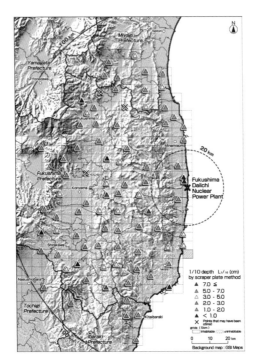

▶후쿠시마현에서 흙 시료 채취한 지점

출처: Depth profiles of radioactive cesium in soil using a scraper plate over a wide area surrounding the Fukushima Dai-ichi Nuclear Power Plant, Japan/Journal of Environmental Radioactivity 139.

박     제가 일본 환경성의 제염 가이드라인 자료를 찾아보니 최대 5cm 정도까지 흙을 걷어내면 충분한 효과를 기대할 수 있다고 돼 있더라고요. 이런 연구 결과를 토대로 한 것 같은데, 그래도 5cm 이하에서 세슘이 미량이라도 검출된 건 사실이니까 일반인들이 느끼는 불안감하고는 온도 차가 있는 것 같습니다.

조　　　물론 그렇게 불안할 수도 있는데, 제가 보기에는 더 깊은 곳까지 내려가 있는 세슘의 양은 상대적으로 매우 적기 때문에 과학적으로 그다지 염려하지 않아도 되는 정도라고 봅니다.

박　　　흥미롭게도 오히려 제주도 땅에서는 후쿠시마보다 더 깊은 곳에서 세슘이 나온 경우가 있잖아요? 왜 그런 걸까요?

조　　　깊숙이 있는 세슘은 전부 1940~1950년대 핵실험 때 만들어진 오래된 세슘137이라고 볼 수 있어요. 그리고 제주도 토양은 화산토라서 구멍이 많아 세슘을 오랫동안 잘 붙들고 있어요. 제주도 땅의 그런 특별한 성질 때문에 한반도 육지의 어느 지역보다 세슘 농도가 훨씬 높아요. 후쿠시마 땅은 아마 토양의 특성이 달라 제주도 땅만큼 세슘이 깊이 내려가지 못한 것 아닐까 생각합니다.

박　　　예전에 속초나 영종도가 우리나라에서 공간방사선량이 높은 지역이라고 하지 않았었나요? 지금은 제주도가 세슘 농도가 높다고 하니까 헷갈리는데요?

조　　　속초나 영종도 쪽은 흙 속에 우라늄하고 토륨이 많이 들어 있고, 제주도 땅은 우라늄하고 토륨은 적고 세슘137이 상대적으로 많이 들어 있죠. 방사성 물질의 전체 총량은 제주도 땅이 더 적게 들어 있어요. 그래서 공간감마선량률($\mu Sv/h$)은 제주도가 훨씬 낮아요.

속초나 영종도 쪽은 흙 속에 우라늄하고 토륨이 많이 들어 있고, 제주도 땅은 우라늄하고 토륨은 적고 세슘 137이 상대적으로 많이 들어 있죠.

**박**　한 가지 더요. 일본이든 한국이든 토양을 조사했을 때 세슘 농도가 쭉 올라가다 피크가 생긴 다음 떨어지는데, 왜 이런 패턴이 똑같이 나타날까요?

**조**　간단하죠. 우선 지표면에 세슘이 내려앉으면, 세슘이 토양에 흡착되어 처음에는 표면에만 농도가 높아요. 그러다가 비가 오면 빗물이 땅속으로 스며들면서, 토양에 강하게 흡착된 세슘이 빗물에 녹아 밑으로 아주 조금씩 이동해요. 1년에 약 1mm씩 이동한다고 가정하면, 약 70년 후에는 7cm 정도 아래로 이동하겠지요. 그래서 앞의 그림에서 보듯 세슘 피크가 약 7cm 깊이 부근에서 나타나는 거예요. 그리고 이렇게 세슘이 밑으로 이동하면서 좁은 피크가 조금씩 퍼지는 현상이 나타나요. 그래서 결국 앞 그림과 같은 모양이 되죠. 분필이나 거름종이에도 사인펜 잉크로 점을 찍어놓고 한쪽 방향에서 물을 조금씩 흐르게 해주면, 물이 모세관 현상에 의해 이동하면서 잉크가 물을 따라 조금씩 이동하는 것을 볼 수 있어요. 동시에 점의 크기가 조금씩 퍼지지요. 많은 분이 초등학교 실험 시간에 경험해봤을 겁니다.

## 인간이 세슘에 속는 것 아닐까?

박    인간이 혹시 세슘에 속는 것 아닐까 하는 생각도 듭니다. 무슨 말이냐면, 방사성 물질이 흙 속에 들어갔을 때 농도가 증가하다 낮아지는 게 혹시 여러 물질 중 세슘만 그런 것 아닐까, 이겁니다. 원전 사고 나면 다른 방사성 물질도 많이 나오는데, 세슘 한 가지만 조사해서 제염하는 게 말이 되냐, 이렇게 물어볼 수도 있거든요. 혹시 흙에 다른 방사성 물질이 얼마나 있는지 조사한 자료가 있나요?

조    후쿠시마 사고가 나고 서너 달 뒤 일본 환경성이 조사한 게 있습니다. 흙 속에 어떤 방사성 물질이 얼마나 들어 있는지 측정했어요. 당시 세슘만 측정한 게 아닙니다. 그 결과 플루토늄239나 스트론튬90은 세슘과 비교해 아주 미량 나왔습니다. 그래서 세슘이 미량이면 다른 방사성 물질은 거의 없다고 보는 거예요. 플루토늄이든 스트론튬이든 아까 본 그래프의 모양과 같은 분포가 나올 수 없는 겁니다. 그 물질이 아예 없기 때문에 그런 그래프를 얻을 수가 없죠.


박    플루토늄이든 뭐든 세슘 말고 다른 방사성 물질에 대해 이런 뾰족한 그래프가 나온 걸 본 적 있으세요?

조    없죠. 측정 결과 안 나오기 때문에 없는 거죠. 앞에서 말씀드렸다시피 세슘이 이런 그래프를 보이는 이유는 물에 잘 녹고 흙에 잘

달라붙는 성질 때문이에요. 그 두 가지 특성이 없으면 흙 속에 이런 식으로 녹아 들어갈 수가 없어요.

박    원전 사고로 방출된 방사성 물질 가운데 물에 잘 녹는 게 세슘뿐입니까?

조    수용성인 게 더 있느냐는 말이잖아요? 저는 화학자가 아니기 때문에 사실 그 질문에 대한 지식이 없어요. 물론 다른 게 더 있을 수는 있겠죠. 다만 지금 방사선 학자들이 연구해야 할 만큼 유의미하게 많이 나오는 방사성 물질은 세슘 말고 없습니다. 현재 시점에서 방사능 안전과 관련된 문서에 세슘 말고 다른 원소가 중요하게 다뤄지는 건 없습니다.

박     세슘이 물에 잘 녹지 않았다면, 사실 흙을 5cm까지 걷어내지 않아도 되는 것 아닙니까?

조     당연하죠. 물에 녹는 성질이 없었으면 환경 중에서 이동 경로가 달라졌겠죠. 예전에 울산에서 방사능 사고 났을 때 그랬어요. 울산의 한 비파괴 검사 업체가 방사성 물질 중 이리듐192라는 걸 그라인더로 그냥 갈아버렸어요. 그래서 이리듐192가 일종의 파편이 되어 작업자의 옷이랑 발에 묻은 상태로 사람이 뚜벅뚜벅 걸어 나간 거예요. 길바닥 아스팔트가 다 오염됐죠. 그런 경우에는 물로 제거할 수 없고 아스팔트 겉표면을 긁어내야 되는 거죠. 하지만 후쿠시마는 땅속을 조사해서 몇 가지 종류의 핵종이 있다는 걸 이미 확인했잖아요. 확인했더니 세슘134랑 세슘137만 유의미한 양이었다, 이겁니다.

# 2부

일본 가기 전,
당신이 찾게 될
팩트체크

# 일본의 '꼼수', 후쿠시마 방사선량이 서울과 비슷하니 안전하다?

## 일본이 홍보하는 공간선량률의 정체는 무엇인가?

**박** 　이제 대담의 폭을 좀 넓혀볼게요. 2019년에 국내 언론이 일본 방사능 문제를 집중적으로 보도하니까, 주한 일본대사관이 홈페이지에 갑자기 공간방사선량률 데이터를 올리기 시작했어요. '일본과 한국의 공간선량률'이라는 제목이었죠. 공간선량률이라는 게 무슨 말인가요? 공기 중에서 잰 방사선이라는 의미인가요?

**조** 　그렇습니다. 공기 중의 측정치입니다. 1m 높이 지점에서 감마선이 얼마나 많이 흘러다니는지 보는 겁니다.

<h2>〈한국과 일본의 공간선량률 공개〉</h2>

박　'공간'은 무슨 뜻인지 알겠는데, '선량률'은요?

조　'선량'은 방사선의 에너지 총량($\mu Sv$)을 뜻하고, '선량률'은 시간 당 얼마만큼의 방사선이 나오는지($\mu Sv/h$)를 나타내는 겁니다.

박　땅에 세워진 측정기는 단위가 보통 1시간에 몇 $\mu Sv$로 나오는데 그게 선량률이라는 거네요. 처음 듣는 분들은 '공간선량률'이라고 하면 암호처럼 들릴 텐데, 그냥 아무것도 없는 공기 중에 방사선이 시간당 얼마나 되는지 나타내는 숫자로 이해하면 되겠네요.

조　맞습니다. 이때 알파선하고 베타선은 잴 수가 없어요. 공간방사선량률을 측정하는 현재 계측기들은 감마선을 재는 것으로 맞춰져 있습니다. 알파선하고 베타선은 투과력이 워낙 약해 먼 거리까지 갈 수 없기 때문에, 공간에서 방사선량률이 얼마나 되는지 알아볼 때는 알파선과 베타선을 측정할 수 없어요. 그래서 공간선량률을 '공간감마선량률'이라고도 해요. 통상적으로 사람의 키가 160~170cm 정도이고 복부가 120cm 정도이기 때문에, 측정 높이를 지표면으로부터 1.2m로 해놓습니다.

박    그게 사람 키 높이에 맞춰진 거라고요?

조    사람의 복부, 그래서 신체의 중심에 맞춰놓은 겁니다. IAEA의 방사능 측정 가이드라인에 보면 대개 지표면에서 1.2m 높이에 맞춰서 측정하라고 되어 있습니다. 땅이 감마선을 내는 방사성 물질에 얼마나 오염돼 있는지 표시해주는 지표라고 볼 수 있어요.

박    근데 감마선이라는 게 땅에 있는 세슘에서만 오는 게 아니잖아요. 우주에서도 방사선이 오다가 대기권과 충돌해서 2차적으로 감마선이 만들어진다고 했잖아요?

조    그렇죠. 감마선은 땅에서만 오는 게 아니라 우주에서 내려오는 우주선에 의한 2차 감마선도 여기에 들어옵니다. 그래서 공간감마선량률은 우주에서 오는 2차 감마선(원래 우주선은 양성자와 중성자인데, 이것이 지구로 오다가 공기 중의 질소나 산소와 충돌해서 2차 감마선이 생성된다. 44~46쪽 참고), 또 땅속의 우라늄과 토륨에서 올라오는 감마선을 측정하고자 하는 겁니다.

박    공간선량률이라는 게 감마선만 측정한다는 거잖아요. 아까 알파선이랑 베타선은 투과력이 약해서 측정하지 못한다고 했는데, 측정기 가까이에서 오는 건 잡아낼 수 있지 않나요?

조    알파선과 베타선은 투과력이 약해 계측기 표면도 뚫고 들어가지 못하는 거예요.

박    측정기 표면에 막힌다는 거죠. 알파선과 베타선은 방사선을 잡아내는 센서에 닿기도 힘들다는 말이네요?

조    그렇죠. 뚫을 수가 없어요. 측정기를 뚫고 들어올 수 없으니 측정을 하지 못하는 겁니다. 그래서 베타선을 측정하는 장치를 보면 아주 얇은 창이 있습니다. 창을 내리면 뚜껑이 벗겨지는 특수한 측정기죠. 창을 열면 '마이카'라고 부르는 아주 얇은 막으로 해놨어요. 베타선은 그나마 알파선보다는 투과력이 약간 강하기 때문에 마이카를 뚫고 들어와 측정할 수 있는 거죠.

박    한국원자력안전기술원KINS 홈페이지에 나오는 공간선량률도 그렇고, 일본 정부가 대사관 홈페이지에 올려놓은 것도 공간선량률이니까, 어쨌든 다 감마선일 뿐이잖아요. 근데 베타선과 알파선의 양이 훨씬 더 많으면 어떡합니까? 감마선은 방사선의 일부일 뿐인데, 그 일부만 보고 안심할 수 있는 거 아니에요?

조      비유하자면 이 텀블러의 높이를 문방구에서 파는 30cm 자로 재는 겁니다.

박      그게 무슨 말이에요?

조      내가 이 길이를 재고 싶을 때 30cm 자로 재는 행위다, 즉 정밀하게 파악하는 것이 아니라 개략적인 수준의 방사능이 얼마나 있는지 파악하는 것으로 공간선량률이 의미 있다는 거예요. 내가 이 길이를 더 정확히 재기 위해 전자현미경으로 들여다볼 수도 있잖아요? 그러면 mm가 아니라 $\mu$m까지 정확하게 나올 것 아니에요? 그게 알파선을 내는 핵종이 얼마나 있느냐, 또 베타선을 내는 핵종이 얼마나 있느냐를 분석하는 겁니다. 알파선과 베타선을 측정하려면 아예 별도로 분석해야 된다는 말입니다.

박      지금 말씀을 들어보면, 알파선과 베타선의 양은 감마선에 비해 굉장히 작다고 느껴지는데요. 맞는 얘기인가요?

조      꼭 그렇지만은 않죠.

박      알파선과 베타선이 감마선보다 많을 수도 있습니까?

조      많을 수 있죠. 예를 들어 플루토늄239를 생산하는 공장에서는 플루토늄이 세슘137보다 수십만 배 많겠지요. 지금 제가 갖고 있는 이 측정기 있잖아요.

**박** 그거 취재진들이 후쿠시마에 많이 갖고 가는 거죠?

알파선과 베타선을 측정하려면 완전히 다른 방법이 필요해요. 다른 분석 방법을 적용하고 다른 분석 장비를 써야 합니다.

**조** 맞아요. 이걸 플루토늄 공장에 가지고 가봐야 수치가 안 뜨죠. 숫자 변화가 없습니다. 플루토늄239가 아무리 많아도 그건 알파선을 내기 때문에, 감마선을 재는 이 측정기는 무용지물이에요.

**박** 그 측정기에 뜨는 숫자는 100% 감마선만 잡아내는 거군요?

**조** 네, 감마선만 측정합니다.

**박** 측정기 자체적으로 뭔가 수치를 보정해서 알파선이랑 베타선을 포함한 전체 방사선량 숫자를 보여주는 건 아닌 거죠?

**조** 그렇습니다. 알파선과 베타선을 측정하려면 완전히 다른 방법이 필요해요. 다른 분석 방법을 적용하고 다른 분석 장비를 써야 합니다.

**박** 일본대사관이 공개한 공간선량률 측정 지점(도쿄시, 후쿠시마시, 이와키시) 모두 후쿠시마 원전에서 꽤 떨어진 곳이더라고요? 도쿄를 제외한 두 곳은 후쿠시마현에 속하지만요.

조    그렇죠. 이와키시는 후쿠시마 원전이 있는 후타바군에서 20~30km 떨어져 있어요.

박    원전과의 거리를 비교해보면 이와키시가 제일 가깝고 후쿠시마시가 더 먼데, 측정치를 보면 이와키시가 0.06μSv/h, 후쿠시마시가 0.129로 조금 더 높게 나와요. 이와키시가 더 가까우니까 방사선량률이 더 높아야 하는 거 아닌가요?

조    그건 바람 때문이에요. 사고 직후 방사성 물질이 한창 나올 때 바람이 원전에서 후쿠시마시 쪽으로 불었어요. 바람을 타고 방사능 구름이 북서 방향, 즉 후쿠시마시 방향으로 퍼져 나간 거죠. 게다가 그때 비가 왔어요. 비가 왔다는 건 방사성 물질이 멀리 날아가지 못했다, 비가 방사성 물질을 땅에 떨어뜨렸다는 얘기예요. 만약 바람이 다른 곳으로 불었으면 후쿠시마시 말고 그쪽 지역에서 지금 수치가 더 높게 나올 겁니다.

박    원전 사고가 없는 나라에서도 공간선량률을 측정하잖아요. 우리나라도 그렇고요. 모든 나라에서 공간선량률 측정을 하고 있나요?

조    그 나라에 원자력발전소가 있느냐 없느냐, 또 경제 수준이 얼마나 되느냐에 따라 다르죠. 제가 자료를 조사해보니 유럽 쪽이 환경 방사능 감시에 관심 많아요. 체르노빌 사고 때 유럽이 많이 오염됐기 때문이죠. 특히 독일은 2,000군데 넘는 곳에 측정기가 있어요.


박      우리나라에는 측정기가 얼마나 있습니까?

조      공간선량률을 측정할 수 있는 포인트가 우리나라는 179군데

예요. 과거 데이터이긴 하지만, 노르웨이는 22군데밖에 없어요. 스웨

덴은 37군데. 나라마다 나름의 정책에 따르는 거죠. 핀란드는 정부가

관심이 많아 투자를 많이 한 거죠. 500군데 정도 감시기를 설치해놓

고 모니터링하고 있으니까요.

〈국가별 공간선량률 측정기 현황〉

| | 덴마크 | 에스토니아 | 핀란드 | 독일 | 아이슬란드 | 라트비아 | 리투아니아 | 노르웨이 | 폴란드 | 러시아 | 스웨덴 |
|---|---|---|---|---|---|---|---|---|---|---|---|
| 감마 모니터링 (자동) | 11 | 11 | 298 | 2,150 | 1 | 16 | 14 | 22 | 20 | 152 | 37 |
| 감마 모니터링 (수동 및 반자동) | – | 3 | 150 | – | – | – | 74 | – | 36 | 1,255 | – |

출처: Radiological Emergency Monitoring System in the Nordic and Baltic Sea countries,
NKS-28(2001)


박      다른 나라 측정기 현황은 처음 봤어요. 러시아에 1,400군데

있으면 국토 면적으로 볼 때 독일에 비해 진짜 얼마 안 되네요.

조      독일에 비하면 게임이 안 되죠. 독일에도 지금 원전이 많이

가동되고 있어요. 독일 원전 정책은 20년 전부터 기존에 가동되는 것의 수명이 끝나면 종료하고, 더 이상 짓지 않고 있어요.

박　　원전 사고가 없더라도 자국에 원전이 있거나 공간선량률에 관심이 있으면 측정해서 참고하는 거네요?

조　　그렇죠. 브라질은 과거 고이아니아 마을처럼 방사능 사고가 난 적 있어서 제가 조사해봤더니, 사실 정부에서 공간선량률 측정하는 데 큰 관심이 없더라고요. 국민의 방사능 건강에 별다른 관심이 없는 것 같아요. 경제적으로 형편이 안 좋은 나라도 그렇고요. 그래서 IAEA가 개발도상국에는 환경방사능 감시망 설치 작업을 지원하고 있어요.

박　　우리나라는 언제부터 측정했나요?

조　　생각보다 꽤 오래전부터 측정했습니다. 1963년이에요. 이승만 전 대통령이 1959년 서울 공릉동에 TRIGA Mark-II라는 연구용 원자로를 미국에서 도입하기로 결정했어요. 그래서 1963년부터 환경 방사능 감시가 시작된 겁니다. 환경 방사능 네트워크가 지금처럼 갖춰진 것은 아니고 처음 측정 기록이 그때로 남아 있다는 말입니다. 서울대 원자핵공학과도 그때쯤인 1959년에 생겼어요. 우리나라가 원자력에서는 역사와 전통이 있습니다.

독일 원전 정책은 20년 전부터 기존에 가동되는 것의 수명이 끝나면 종료하고, 더 이상 짓지 않고 있어요.

# 공간방사선량률, 대체 왜 측정하는가?

박    공간선량률을 여러 나라에서 측정하는데, 그 취지가 정확히 뭔지 모르겠습니다. 정상인지 위험한지 보여주는 건가요? 아니면 다른 목적이 있나요?

조    환경 방사능 감시의 가장 기본적인 목적은 '변동이 있느냐 없느냐'를 보는 겁니다. 변화하는 개략적인 추이를 파악하는 것이 공간방사선량률을 측정하는 기본적인 목표예요. 그래서 평소에 주기적으로 쌀이니 배추니 식재료의 방사능을 측정 조사하는 것도 다 얼마나 '변화'되었는지 좀 더 정밀하게 들여다보려는 겁니다.


박    근데 일본 정부가 지금 홈페이지에 이 데이터를 올려놓은 건 변동을 보려고 하는 게 아닌 것 같은데요? 시간이 흘러감에 따른 변화를 보는 게 아니라 그냥 우리나라랑 같은 시간대에 나온 측정치를 비교해놓은 거잖아요.

조    주한 일본대사관이 그런 정보를 올려놓은 의도는, 일본이라는 나라의 전체적인 방사능 수준이 한국의 방사능 수준과 비교했을 때 결코 높지 않다는 얘기를 하고 싶은 거죠.


박    이 데이터는 원래 그렇게 쓰는 게 아니라면서요. 일본이 '우리

안전해요'라고 주장하려고 조사한 데이터가 아니라는 건 확실하죠?

조　　　그렇죠. 이와키시는 $0.06\mu Sv/h$인데 후쿠시마시는 $0.129$ $\mu Sv/h$였잖아요. 근데 후쿠시마시의 공간선량률이 후쿠시마 원전 사고가 나기 전에 얼마였을까요? $0.06$ 정도였을 거예요. 그게 무슨 뜻이냐 하면 이와키시나 후쿠시마시나 같았을 거라는 얘기죠. 그런데 그건 싹 감춰놓고 지금 후쿠시마시가 서울하고 비슷하다는 것만 보여주고 있죠.


박　　　후쿠시마시의 '현재' 공간선량률은 후쿠시마시의 '과거' 선량률과 비교하는 게 맞는 거죠?

조　　　후쿠시마시가 $0.129$라고 되어 있는데, 그 속에 숨은 뜻은 원전 사고로 인해 후쿠시마시의 공간선량률이 과거에 비해 두 배 정도 높아졌다는 거예요. 근데 주한 일본대사관은 그런 의미는 묻어버리고, 후쿠시마시가 아무리 높아봐야 서울과 비슷하다고 이야기하는 겁니다.


박　　　일본 입장에서는 한국이랑 뭔가 비교해서 안전하다고 강조하고 싶은데, 똑같은 데이터로 비교하기에는 공간선량률 말고 없었을 것 같기도 하고요.

조　　　다른 데이터도 물론 있을 텐데, 공간방사선량률이라는 건 전반적이고 대체적인 방사능 수준을 지시하는 숫자이기 때문에, 이 숫자를 먼저 비교하는 건 맞죠.

박 　공간선량률 얘기라서 한 가지만 더 확인할게요. 취재진도 감마선 측정기를 많이 쓰는데 이걸 공기 중에 가만히 놓고 있으면 숫자가 계속 요동치잖아요. 우주에서 오는 감마선과 땅속에서 오는 감마선이 계속 스치기 때문에 측정치가 계속 변하는 겁니까?

조 　그걸 이해하려면 방사능 붕괴라는 현상, 즉 물리적인 현상은 무작위라는 사실을 이해해야 돼요. 세슘137이 붕괴하면 감마선이 나오고, 물리적 반감기가 30년이라고 하잖아요. 그럼 30년 지나면 원래 100개 있던 세슘137이 50개가 되잖아요. 그건 '통계적'인 수치예요. 100개가 50개로 줄어드는 그 30년 동안 방사선이 정확히 일정한 시간 간격으로 나왔을까요? 전혀 아니에요. 일정한 시간 간격으로 안 나와요. 그게 랜덤, 무작위예요. 어떨 때는 감마선이 '투툭' 나올 수 있고, 어떨 때는 '툭, 툭' 나올 수도 있고, 어떨 때는 '툭툭, 툭, 툭툭툭' 나올 수도 있는 거예요. 그래서 측정기 수치를 보고 있으면 숫자가 가만히 있지 않고 계속 바뀌죠.

박 　세슘에서 방사선이 나오는 시간 간격이 왜 그때그때 다른지는 아무도 모르는 겁니까?

조    방사선이 나오는 건 세슘137이라는 원자핵이 어떤 힘을 가지고 있는데 그 남은 힘이 감마선의 에너지로 나오는 것이거든요. 남은 힘이 나올 때, 이게 어느 순간까지 기다렸다 감마선으로 내보낼지는 아무도 모릅니다.

## 한국의 자연선량률, 왜 일본보다 높은가?

박    예전에 봤던 유엔방사선영향위원회UNSCEAR 자료에서는 지구에서 자연선량률이 $100\mu Sv/h$까지 나왔잖아요. 그것도 다 공간선량률인 거죠?

조    그렇죠, 공간감마선량률입니다.

박    우리나라는 화강암 지대라서 일본보다 자연선량률이 높다는 보도가 많이 나왔잖아요. 화강암하고 감마선은 대체 무슨 관련이 있나요?

조    암석마다 구성 물질이 달라요. 화강암은 다른 암석에 비해 우라늄과 토륨이 상대적으로 많이 들어 있는데, 우라늄하고 토륨에서 감마선이 나오는 겁니다.

박    아, 우라늄하고 토륨 때문에 우리나라 일부 지역에서 자연적인 선량률이 높은데, 그게 화강암 안에 들어 있다는 거네요.

조    네, 그렇습니다. 상대적으로 많이 들어있다는 거죠.

암석마다 구성 물질이 달라요. 화강암은 다른 암석에 비해 우라늄과 토륨이 상대적으로 많이 들어 있는데, 우라늄하고 토륨에서 감마선이 나오는 겁니다.

박    그럼 지구에서 자연선량률이 엄청 높게 나오는 곳은 모두 화강암 때문인가요?

조    그렇죠. 특히 토륨이 많은 광물질은 화강암이라 부르지 않고 '모나자이트'라고 불러요. 이건 우리나라에 없고 생소하니까 화강암처럼 한글로 번역해서 쓰지 않고 그냥 영어로 쓰는 거죠. 이 모나자이트

▶ **모나자이트**(출처: 한국광물자원공사 홈페이지)

라는 암석은 토륨이 어마어마하게 많이 들어 있어 화강암하고 비교가
안 돼요.

박    땅속에서 나오는 감마선의 양을 늘리는 물질로 우라늄, 토륨
말고 다른 건 없나요?

조    없어요.

박    없어요? 그 두 가지가 딱 문제가 되는 거군요.

조    네, 우라늄하고 토륨은 지구가 태어날 때부터 있었는데 반감
기가 아주 길어 아직도 있는 거죠. 그리고 이 우라늄하고 토륨은 계열
을 이루고 있어요. 무슨 말이냐면, 우라늄과 토륨이 붕괴해서 생기는
물질들이 방사능을 띠고 또다시 이어 붕괴하면서 방사선을 내놓는 거
죠. 궁극적으로는 모두 납이 됩니다.

박    우리나라 자연 방사선량률이 $0.12 \sim 0.13 \mu Sv/h$ 정도 나오잖
아요. 세계적으로 봤을 때 어느 정도 수준일까요?

조    아주 높은 지역은 아니지만, 비교적 높은 축에 들어간다고 볼
수 있습니다.

박    그럼 일본은요?

조  일본은 대표적으로 낮은 쪽에 들어갑니다. 땅속에 우라늄하고 토륨이 없는 대표적인 나라입니다. 연간 자연선량을 보면 우리나라가 3.1mSv이고 일본은 2.0mSv예요. 전 세계 평균은 2.4입니다. 그래서 우리나라는 높은 편이고 일본은 낮은 편이라고 할 수 있죠. 그 연간 자연선량은 우주선, 라돈, 지각에서 나오는 우라늄, 토륨 등을 다 합한 겁니다.


## 일본의 '공간선량률'이 오염 실태를 보여주지 못하는 이유


박  후쿠시마 방사능 취재를 하면서 '공간선량률'과 측정기는 굉장히 많이 봤는데, '토양'을 조사한 데이터는 상대적으로 많이 못 봤습니다. 세슘이 전부 흙에 달라붙어 있으니까 그 데이터가 궁금했거든요. 찾아보면 일부 나오긴 하는데, 일본 정부나 후쿠시마현이 홈페이지에 주기적으로 흙의 세슘 농도를 밝혀놓은 건 없더라고요?

조  제 생각에는 현실적인 제약 때문일 겁니다. 토양 시료에서 방사능을 분석하는 작업이 간단하지 않아요. 연구 논문에, 1년에 80군데 정도에서 토양 시료를 떠서 분석한 게 있어요. 1년에 80곳이라면 사실 어마어마한 작업량이에요. 시료를 분석하기 전 처리 과정에만 며칠이 걸려요. 또 여기서 흙 시료를 떴으면 저쪽 흙하고 같을까요? 다르잖아요. 여기는 왜 안 해? 저기는 왜 안 해? 문제를 제기할 수도 있고, 땅이 엄청 넓잖아요. 그러니까 토양 시료를 분석하는 작업을 전 국토에 걸쳐 한다는 것은 매우 많은 시간과 노력이 필요한 작업입니다.

박      공간선량률은 시료 처리 시간이 전혀 안 걸리는 거 아닙니까?
조      그렇죠. 공간선량률은 측정기만 세워두면 기계가 그냥 재니까요. 계속 데이터가 나오고 컴퓨터가 계속 누적하니까 아주 쉬워요. 토양 시료는 일본에 분석할 수 있는 공공기관이 있어요. JAEAJapan Atomic Energy Agency, JCACJapan Chemical Analysis Center, QSTNational Institute of Quantum and Radiological Science and Technology, 이런 기관에서 분

석할 수 있는데, 측정기 숫자와 인력에 한계가 있죠. 우리나라 한국원자력안전기술원도 마찬가지예요. 근무자와 장비가 정해져 있어 '1년에 몇 개 분석할 수 있다'라는 분석 능력이 정해져 있어요.

박    흙을 시료로 만드는 작업 자체가 까다로운가요?

조    토양을 분석하려면 먼저 돌 같은 이물질을 제거해야 돼요. 제거한 그 시료를 분쇄하고 계량합니다. 그런 다음 계측 용기에 넣고 측정하는 거예요. 이건 감마선을 측정할 때고, 스트론튬이나 플루토늄을 측정할 때는 흙 시료를 500도로 구워야 돼요. 오븐에 넣어서 굽죠.

박    공간선량률에 비해 측정 방법이 정말 간단치 않네요. 2011년 원전 사고 났을 때 후쿠시마현에 측정기가 지금처럼 많지 않았거든요. 근데 당시에도 세슘이 흙에 잘 달라붙는다는 건 일본 정부가 알고 있었잖아요?

조    연구자들이 논문을 내놨기 때문에 알고는 있었죠.

박    알고 있었는데 왜 후쿠시마현에도 공간선량률 측정기를 쫙 깔았는지 의문입니다. 힘들어도 흙을 측정해야 하는 것 아닙니까?

조    흙을 제염했으니 표면 흙을 걷어낸 다음 효과를 봐야 하잖아요. 우주에서 오는 방사선은 같은데, 땅에서 올라오는 방사선은 어느 정도 줄어들었을 거 아니에요? 그 효과를 보기 위해 공간선량률 측정기를 설치했을 겁니다. 흙을 일일이 측정할 수는 없고, 그걸 걷어낸 다음 땅에서 나오는 방사선이 얼마인지 보기 위해서요.

박　　흙이 있는 지역은 이해가 되는데, 흙이 거의 없는 후쿠시마시 시내라든가 흙이 없이 깨끗하게 정리된 지역도 많거든요. 그런 곳은 제염 효과를 볼 필요가 없는데 공간선량률 측정기를 설치한 게 잘 이해가 안 됩니다. 어차피 낮게 나올 거라고 예상됐던 것 아닙니까?

조　　그렇죠. 바닥에 아스팔트가 막고 있으니 세슘이 아스팔트를 뚫고 내려가서 흙에 달라붙지 못했을 거고, 아스팔트 위에 먼지로 묻어 있던 세슘은 비가 오면 하수구로 빠져나갔겠죠. 그래서 흙이 없는 지역에서는 핫스팟이 안 나오는 겁니다. 세슘을 붙들고 있지 않으니까요.

박　　일본이 대사관 홈페이지에 올린 데이터가 어느 측정기에서 나왔는지 취재한 적이 있거든요. 후쿠시마시 데이터의 경우에는 주변에 흙이 거의 없는, 정리가 잘된 깨끗한 동네였습니다. 거기에 측정기가 설치돼 있었는데, 그런 곳은 애초부터 수치가 낮게 나올 수밖에 없는 것 아닙니까?

조　　당연한 얘기입니다.

180

박       그럼에도 불구하고 원전 사고 전보다 높더라고요?

조       그러니까 후쿠시마시도 사고 전이랑 비교하면 2011년 원전 사고로부터 완전히 자유롭지 않은 상태인 겁니다. 세슘137이 물에 잘 녹고 흙에 잘 달라붙어 지금까지 비에 쉽게 씻겨나갔다고 하지만, 시궁창도 있을 거고 건물의 틈도 있을 테니, 그런 곳에 세슘이 아직 박혀 있다는 뜻이에요.


박       그게 신기하더라고요. 벌써 10년 가까이 지났고 비가 그렇게 많이 왔는데, 아직도 세슘이 씻기지 않은 곳이 많은 것 같습니다.

조       그런 세슘은 쉽게 없어지지 않아요. 30년이 지나야 처음의 절반으로 줄어드는데, 지금은 사고가 나고 9년이 지났잖아요. 이 정도 시간으로는 사고 이전으로 돌아갔다고 보기 어려운 거죠.


박       후쿠시마시의 깨끗한 동네에서 잰 그 수치를 갖고 일본은 우리나라 공간선량률이랑 비교하면서 괜찮다고 하지만, 후쿠시마시의 선량률 '추이'를 보면 사고 이전보다 데이터가 높죠?

조       두 배 올라갔죠. 말씀드린 대로 후쿠시마시가 사고 이전에는 이와키시랑 비슷했을 겁니다.

# 일본, 방사선량 수치 교묘하게 관리하나?

**박**　후쿠시마현에 가서 취재할 때 공간선량률 측정기를 여러 군데에서 봤는데, 설치 환경이 다 다르더라고요. 깨끗한 아스팔트 주차장 위에 설치된 곳도 있고, 주변에 흙이 굉장히 많지만 측정기 밑에 두꺼운 시멘트로 지지해놓은 곳도 있었습니다. 측정기를 흙 위에 바로 시공할 수 없으니까, 밑에 지지하는 구조물이 필요할 것 같긴 한데, 시멘트 높이가 30cm는 됐거든요? 그럼 땅속에서 올라오는 감마선이 많이 걸러질 수밖에 없잖아요?

**조**　당연하죠. 그래서 우리나라는 흙 위에 측정기를 세울 때 봉을 박아요. 봉을 박고 1.2m 높이에 딱 올려놓도록 되어 있죠. 온도 잴 때랑 똑같이 잔디밭에 세우는 봉을 박고 그 위에 측정기를 올려놓습니다.

**박**　우리나라처럼 설치해야 공간선량률 데이터가 정직하게 나오는 것 아닙니까?

**조**　그렇죠. 그렇게 하는 게 표준입니다.

**박**　봉을 설치하도록 한 것도 다 이유가 있을 것 같은데요.

**조**　바닥을 시멘트로 막아버리면 감마선이 올라오지 못하니까 그만큼 감마선 데이터를 잃어버리는 거죠. 수치가 약간 떨어질 수밖에 없습니다. 그건 당연하죠.

박     그렇게 시멘트로 막아놔도 서울보다 훨씬 높게 나오더라고요. 0.379$\mu$Sv/h였어요. 또 지금까지 비가 그렇게 많이 왔을 텐데, 원전 근처에는 아직 선량률이 7$\mu$Sv/h 넘는 곳도 있어요.

조     그러니까 후쿠시마현은 방사능에서 자유롭지 않아요. 거기는 흙을 걷어내지 않는 이상 안 되죠. 하지만 엄두가 안 나 제염을 못 하고 있어요. 시간이 해결해야죠. 300년은 지나야 합니다(세슘137의 물리

지방방사능측정소

간이방사선측정소(과천과학관)

HPIC

원자력발전소 부지 주변(홍농)

군연계측정소(용산)

▶ **우리나라 환경 방사능 측정기 모습**(출처: 2018 전국환경방사능 조사, 한국원자력안전기술원)

▶ 후쿠시마현 공간선량률 측정기 아래 설치된 시멘트 지지대(출처: SBS 보도 화면)

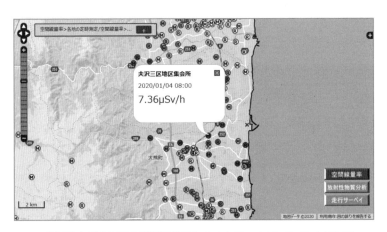

▶ 후쿠시마 원전 근처 공간선량률(출처: 후쿠시마현, 2020년 1월 4일 기준 측정값)

적인 반감기가 30년인데, 반감기가 10번은 지나야 세슘137이 거의 사라진다는 취지). 방사능 수치가 높은 지역이 아직 많은데 주민이 복귀해서 살려면 너무 오래 걸리니까, 제 생각에는 일본 정부가 아예 영구 이주도 고려하지 않을까 싶습니다. 아주 장기적인 관점에서 복구해나가는 거죠.


박  팩트체크의 매듭을 지어보면, 공간선량률을 '안전'의 근거로 삼기는 어렵다, 오히려 주한 일본대사관에서 올려놓는 데이터를 근거로 '일본은 사고 이전과 비교하면 아직도 높은 것 아니냐'고 거꾸로 일본에 얘기할 수 있을 것 같습니다.

조  당연히 그 얘기를 해야 합니다. 지금 나오는 선량률에 대해 '사고 이전 상태로 회복된 게 맞느냐'는 질문을 던져야 합니다. 그것에 대해서는 아니라는 답이 나올 수밖에 없죠.

# 후쿠시마 원전에서 나온 인공 방사선, 더 위험하다?

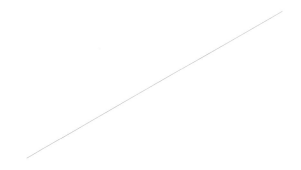

## 사람 몸에서도 방사선이 나온다고?

박　　이건 제가 기사 쓰고 나서 정말 많은 항의를 받은 내용입니다. "후쿠시마 원전에서 나온 세슘이랑 자연에서 나오는 방사선이 똑같다는 게 말이 됩니까?", "원전에서 나온 인공적인 세슘이 얼마나 위험한데 그런 말을 하는 겁니까?" 한마디로 인공 방사선이 더 위험하다는 거죠. 그래서 팩트체크 주제로 잡았습니다. 원전 세슘에서 나오는 감마선하고 자연 상태에서 나오는 감마선은 본질적으로 같은 겁니까, 다른 겁니까?

조　　둘 다 감마선을 낸다는 점에서는 같습니다. 자연에서 나오는 감마선으로 대표적인 것이 칼륨40입니다. 세슘137은 자연에 없었어

186

요. 지구가 태어날 때도 없었죠. 우라늄235나 플루토늄239라는 큰 핵이 두 개로 쪼개질 때, 두 동강 중 하나의 파편이 바로 세슘137이에요. 그래서 그걸 인공 방사성 물질이라고 부릅니다. 반면 칼륨40은 이미 자연에, 이 지구가 태어날 때부터 있었기 때문에 자연에 있는 방사성 물질이라고 하죠. 그런데 세슘137도 감마선을 내고, 칼륨40도 감마선을 냅니다.

박    감마선을 내는 건 같은데, 다른 점도 있습니까?

조    감마선의 에너지 크기가 달라요. 세슘137에서 나오는 감마선 에너지는 0.662MeV입니다. MeV는 에너지의 단위죠. 그리고 칼륨40에서 나오는 감마선 에너지는 1.46MeV입니다. 세슘에서 나오는 것보다 두 배 이상 커요. 예를 들어 세슘137에서 나오는 감마선 에너지가 야구공이라고 하면, 칼륨40에서 나오는 감마선 에너지는 핸드볼 공 정도 됩니다.

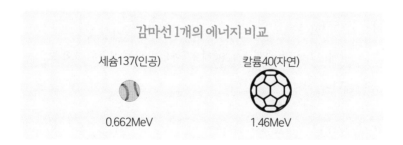

감마선 1개의 에너지 비교

세슘137(인공)          칼륨40(자연)

0.662MeV              1.46MeV

박     그럼 똑같은 감마선 하나를 맞아도 영향이 다르겠네요?

조     우리 몸에 주는 효과는 칼륨40에서 나오는 감마선이 세슘137 감마선의 두 배 이상이지요. 세슘137 감마선 한 개 맞은 것과 칼륨40 감마선 한 개 맞은 것을 비교하면, 우리 몸에 오는 충격은 칼륨40 감마선이 두 배 이상 큽니다.

박     칼륨40은 자연에 있는 방사성 물질이라고 했는데, 어디 있습니까?

조     사람 몸에 들어 있어요.

박     잠깐만요, 사람 몸에 칼륨40이 들어 있다고요?

조     그렇다니까요. 얼마나 들어 있느냐면, 몸무게 1kg당 55Bq 들어 있습니다. 지금 우리 두 사람의 몸에도 칼륨40이 들어 있어요. 몸에서 계속 감마선이 나오는 겁니다.

박     55Bq요?

조     네, 그게 전 세계 평균이에요. 유엔방사선영향위원회 보고서에 나옵니다.

박     사람 몸무게를 70kg이라고 하면, 몸에서 대체 방사선이 얼마나 나오는 겁니까?

조      1kg당 55Bq이니까, 70kg 이면 3,850Bq이잖아요. 그러니까 1초에 몸에서 방사선 3,850개가 나오는 거예요.

칼륨40은 모든 음식물에 들어 있어서 그 음식물을 먹고 사는 사람, 동물, 모든 생명체에 다 들어 있는 거예요.

박      제 몸에서 감마선이 나왔다고요?

조      당연하죠. 제 몸에서도 나왔고요. 서로 감마선을 쏘고 있어요. 저도 방사성 물질이에요. 사방으로 방사선 3,850개를 제가 쐈고, 제가 쏜 것 중 정면으로 나간 게 박 기자님한테 전달됐죠.

박      다른 것도 아니고 왜 하필 칼륨40이 몸에 들어 있는 거죠?

조      칼륨40은 모든 음식물에 들어 있어요. 그래서 그 음식물을 먹고 사는 사람, 동물, 모든 생명체에 다 들어 있는 거예요.

박      방사선에 민감한 사람은 자기 몸에서 감마선이 나온다는 걸 알면 놀라겠는데요? 칼륨40이 들어 있지 않은 사람은 없나요? 몸에서 방사선 안 나오는 사람요.

조      그런 생물은 없습니다. 모든 환경 생물에 칼륨40이 들어 있으니까요.

한국·일본의 식품 유통 기준치

1초에 평균 55개                1초에 100개 이내

박      사람 몸에 1kg당 55Bq이 있다고 했잖아요. 근데 우리 정부든 일본 정부든, 식품을 조사한 결과를 보면 세슘 55Bq이 나오는 음식은 사실 별로 없거든요?

조      당연하죠. 1kg당 100Bq로 기준을 정해놓고 관리하고 있잖아요. 2011년 사고 직후에는 55Bq 넘어가는 게 많았는데, 이후 쭉 떨어져 지금은 거의 없습니다.

박      원전 사고 초기에는 식품에서도 1kg당 55Bq 정도 나오는 경우가 꽤 많았잖아요. 그럼 그 음식 1kg하고 만약 1kg의 사람이 있다고 가정하면, 양쪽에서 다 방사선이 나올 것 아닙니까?

조      음식에서는 세슘137의 감마선이 나오고, 사람에게서는 칼륨40의 감마선이 나오는 거죠.

박      그럼 굳이 위험한 걸 고르라고 하면, 사람 몸에서 나오는 감마선의 에너지가 두 배 더 크니까, 사람이 더 위험하다고 할 수 있겠네요?

조      그렇죠. 에너지가 더 크니까 당연히 위험합니다.

박      너무 충격적이어서 계속 물어보게 되는데, 그럼 사람 옆에 있으면 감마선에 피폭되는 겁니까?

조      당연하죠. 침대에 같이 누워서 자면 계속 피폭하는 거예요. 실제로 갑상샘암 치료 환자는 요오드를 먹기 때문에, 그 요오드에서 나오는 방사선이 간호하는 간병인한테 가요. 그럼 간병인이 환자로부터 피폭당하는 겁니다. 사람이 방사성 물질인 거죠.

박      그럼 방사선 측정기를 몸에 갖다 대면 숫자가 올라가나요?

조      그렇지는 않아요. 몸에서 나오는 방사선은 지각에 있는 방사능, 우주에서 오는 방사능에 비하면 아주 적어요.

박      무시할 정도로 적은가요?

조      아까 70kg인 사람의 경우 방사선이 1초에 3,850개 나온다고 했잖아요. 땅과 우주에서 오는 것은 초당 몇 천 개가 아니고 수만 개, 수십만 개예요. 몸에서 몇 천 개 나와봐야 측정기 수치를 움직이는 데 기여하는 양 자체가 적은 겁니다.

> 갑상샘암 치료 환자는 요오드를 먹기 때문에, 그 요오드에서 나오는 방사선이 간호하는 간병인한테 가요. 사람이 방사성 물질인 거죠.

박    측정치에 반영되긴 하는데 기여분이 적다는 건가요?

조    그렇습니다.


박    세상 모든 생명에 칼륨40이 들어 있고, 사람도 음식물을 통해 칼륨40을 섭취한다. 그리고 칼륨40에서 나오는 감마선이 세슘에서 나오는 감마선보다 더 세다. 그렇다면 칼륨40이 많이 들어 있는 음식이 있을지 궁금해지는데요?

조    콩이 높게 나옵니다. 데이터를 보면 시금치, 감자도 높아요.


박    혹시 에너지의 크기가 다른 감마선이 더 있나요?

조    많죠. 우리는 지금 세슘137과 칼륨40 두 가지만 얘기하고 있는 겁니다. 감마선은 파동이에요. 파장의 길이가 짧은 게 에너지가 더 크죠. 사람 몸에서 나오는 감마선의 파장이 세슘에서 나오는 감마선의 파장보다 훨씬 짧습니다.


박    사람은 몸 자체가 1kg당 55Bq의 방사성 물질이라는 건데, 음식에서 1kg당 1Bq 검출됐을 때 위험해서 못 먹겠다고 생각하는 분도 있을 것 같은데요?

조    세슘은 인공적인 방사성 물질이니까 반드시 0이어야 하는데 1이 있다고 생각하는 거죠. 0이어야 하는데 1이기 때문에 문제가 되는 것이지, 0이면 안전하고 1이면 위험해서 문제가 되는 건 아닙니다.

박    사람들이 받는 방사선량을 1년에 1mSv로 관리해야 한다고
하잖아요. 그럼 사람도 만나지 말아야 하는 것 아니냐? 사람 많이 만
나는 직업은 그만큼 사람들로부터 방사선 피폭도 많이 될 것 아니냐?
이런 황당한 궁금증도 드는데요.

조    사람이 사람한테 주는 방사선은 자연 상태의 방사선이죠. 이
건 1mSv를 계산할 때 포함되지 않고 다 빼야 합니다. 인공적인 방사
선만 따져서 연간 1mSv가 넘지 않도록 하는 겁니다.


# 인공적인 방사선은
# 더 위험한 것이 사실인가?

박    본질적인 질문으로 돌아가볼게요. 세슘137이라는 인공 방사
성 물질에서 나온 감마선과 사람 몸의 칼륨40에서 나오는 자연적인
감마선이 있는데, 세슘에서 나오는 건 인공적인 감마선이니까 더 위
험하다고 생각하는 사람이 있는 거잖아요. 사실입니까?

조    그건 오류, 잘못된 얘기입니다. 인공이든 자연이든 상관없이
받은 총에너지양이 적으면 괜찮은 겁니다.

박     그럼 세슘에서 나오는 감마선의 에너지가 0.662MeV라고 했는데, 칼륨40 제외하고 자연 상태에서 0.662보다 더 큰 에너지의 감마선이 있습니까? 있다면 세슘보다 더 조심해야 할 것 같아서요.

조     없어요. 자연에서 세슘137의 감마선보다 에너지가 더 큰 감마선을 내는 건 칼륨40 말고 없습니다.


박     사람들이 "인공적인 세슘에서 나온 감마선이니까 위험해"라고 얘기하는 건 오류지만, 그래도 칼륨40 말고 더 센 감마선을 내는 건 없다고 했으니까, 어쨌든 세슘을 조심해야 하는 건 맞지 않을까요?

조     세슘에서 나오는 감마선을 칼륨40이랑 비교하면 그렇긴 한데, 인공적인 핵종에서 나오는 감마선을 쭉 보면 세슘이 특별히 위험한 건 아니에요. 예를 들면 인공 핵종인 코발트60에서 나오는 감마선은 에너지가 1.17MeV하고 1.33MeV예요. 세슘 감마선의 에너지 0.662는 감마선을 내는 것 가운데 보통 수준 정도라고 얘기할 수 있어요.


박     감마선을 내는 핵종이 얼마나 됩니까?

조     대략 1,000개 넘지요.


박     그렇게 많아요? 그럼 감마선의 에너지가 다 제각각일 것 아닙니까? 그 가운데 인공적인 핵종에서 나오는 감마선의 에너지가 대체로 큰 경향이 있나요? 그렇다면 '인공적인 감마선이 대체로 위험하다'고 얘기할 수 있을 것 같은데요?

조    에너지 크기에 따라 나열해보면, 인공적인 핵종과 자연적인 핵종은 무작위로 분포해 있습니다. 인공적인 감마선이라고 해서 반드시 에너지가 큰 게 아니에요. 큰 것도 있고 작은 것도 있습니다. 자연 핵종인 칼륨40은 1.46MeV이니 에너지가 큰 쪽에 속한다고 볼 수 있지요.

박    연구하는 과학자 입장에선 인공인가 자연인가가 중요한가요?

조    전혀 중요하지 않습니다. 가장 중요한 건 우리 몸이 방사선으로부터 '에너지 총량'을 얼마나 받았느냐 하는 것입니다. 그게 위험하냐 위험하지 않냐를 결정하죠.

박    인공이든 자연이든 방사선은 본질적으로 다 에너지일 뿐이고, 그 크기가 다를 뿐이라는 거죠?

조    에너지 덩어리가 움직인다, 에너지 덩어리가 흘러간다는 측면에서는 인공이든 자연이든 방사선은 본질적으로 다 같습니다.

박    전문가들도 쓰는 휴대용 측정기로 측정하면 인공 방사선인지 자연 방사선인지 구분할 수 있나요?

조    구분하지 못해요. 감마선 하나가 측정기를 통과하더라도 이
게 세슘137에서 온 건지 아니면 우주에서 오는 자연 방사선인지 모릅
니다. 감마선의 종류는 알 수 없고, 단지 감마선의 존재 자체만 재는
겁니다.


박    그럼 음식에서 나오는 방사선을 재고 싶다고 휴대용 측정기
를 바로 음식에 갖다 대면 안 되겠네요?

조    그래서 배경선량을 먼저 재야 하는 겁니다. 음식이 있는 그
공간에서 자연적으로 존재하는 방사선의 양이 어느 정도인지 먼저 알
아야 돼요. 음식이 없을 때 잰 측정값 A, 음식을 갖다 놓고 잰 측정값
B 사이의 차이를 봐야 합니다. 측정값 B에서 A를 빼면 음식에서 방사
선이 얼마나 나오는지 추정할 수 있지요.


# 몸에 유익한 음이온 건강 제품?
# 사실은 방사능 제품?


박    '음이온' 제품 얘기 좀 해볼게요. 방사선 얘기하다 갑자기 웬
음이온이냐 하실 분들이 있을 텐데, 음이온 제품 중에서 방사선이 나

오는 제품이 있다면서요?

조      우선 방사선 연구하는 사람들은 '음이온'이라는 말을 안 써요. 음이온이란 표현은 '음이온 팔찌'처럼 건강 제품이라고 주장하는 걸 만드는 사람들이 쓰죠. 일반인들을 현혹시키기 위해 음이온이라는 말을 쓰는 거죠. 음이온이라는 말은 중고등학교 교과서에 나오는 말이에요. 방사선 교과서에는 음이온이라는 말이 안 나옵니다.

박      제품에서 음이온이 나온다고 광고하는 사람들은 음이온이 뭐라고 설명합니까?

조      사실 음이온이 뭔지 설명도 제대로 안 할 때가 많아요. 음이온이 건강에 좋다고만 하죠. 예전에 그런 일본 문서가 많았어요. 우리나라 일부 회사가 그걸 번역해서 음이온이 뭐고, 음이온의 건강 효과가 뭔지 홍보했어요. 근데 일본 문서들을 본 서양 연구진이 하도 한심하니까, 일본에서 음이온이 뭐가 좋다고 하는지 조사해서 보고서를 냈는데, 건강 효과가 전혀 없었어요, 전혀.

박      음이온 제품들이 몸에 유익하다고 홍보하는 제품이 아직도 많아요. 포털사이트에서 '음이온'이라고 치면 검색어가 이 제품, 저 제품, 검색어 자동 완성이 될 정도예요.

조      지금도 많죠. 지금 한국원자력안전기술원 생활방사선실에서

하고 있는 일 중 하나가 홈쇼핑 프로그램에서 음이온이라고 선전하는 제품들을 조사하는 거예요. 조사해보니 200개나 돼요. 그 제품들 다 조사 대상입니다. 앞서 '모나자이트'라는 광물 얘기를 한 적 있잖아요? 방사성 물질인 토륨이 들어 있는 광물요. 라돈 침대 사건 때문에 제품에 그 모나자이트를 못 넣게 우리나라 법이 바뀌었어요. 만약 모나자이트를 넣어서 제품을 생산하면 불법이라고, 요즘 업체들에 알리고 있습니다.

박　　꽃 벽지 사건 얘기할 때 나왔던 거네요. 아주 미량도 제품에 못 넣게 돼 있나요?

조　　모나자이트라는 광물 안에 토륨이 들어 있는데, 그게 방사성 물질이에요. 왜 모나자이트를 넣느냐면 음이온 제품 중 게르마늄이라는 물질을 쓰는 게 있거든요. 순수 게르마늄은 비싸요. 그래서 일부 업자들이 대신 싼 모나자이트를 넣는 거죠. 그런데 모나자이트를 넣으면 제품에서 방사선이 나옵니다.

박　　모나자이트에서는 방사선 가운데 어떤 게 나오는데요?

조　　모나자이트에 있는 토륨에서 감마선이 나오죠. 이론적으로는 나오는데 실제로는 거의 안 나와요. 무슨 말이냐면, 토륨의 반감기가 수억 년이에요. 수억 년이 지나야 100개가 50개로 줄어들어요. 토륨이 다른 물질로 변해야 그 과정에서 감마선이 나오는 거예요. 근데 반감기가 수억 년이니까, 1년 지나봤자 감마선이 몇 개 나올까 말까지요. 실제로 거의 안 나온다는 건 그런 의미예요.

**박** 그럼 모나자이트를 조금만 넣으면 감마선이 거의 안 나오겠는데요? 예를 들면 작은 팔찌 같은 거요.

**조** 그렇죠. 그러니까 저희가 모나자이트 측정할 때는 감마선을 안 재요.

**박** 알파선을 재는 거예요?

**조** 그렇죠. 라돈하고 토론에서 나오는 알파선을 측정해요. 모나자이트에 우라늄과 토륨이 약 1대 10의 비율로 들어 있어요. 우라늄에서 나오는 기체를 '라돈'이라고 하고, 토륨에서 나오는 기체를 '토론'이라고 해요. 라돈과 토론은 둘 다 기체이고 성질도 같은데, 반감기가 달라요.

**박** 감마선이 아니라 방사선을 내는 기체가 문제 되는 거네요. 침대뿐만 아니라 제품에 모나자이트를 못 넣게 법이 바뀌었다고 했는데, 그것도 감마선 때문이 아니라 알파선 때문인가요?

조　　　맞아요, 토론 기체 때문에 금지시킨 겁니다.


박　　　침대는 크기도 크고 누워서 생활하니까 노출 시간이 길어 거기서 나오는 알파선이 유의미한 양이기 때문에 금지시킨 거겠네요?

조　　　'토론'이 사람한테 주는 선량 평가, 즉 총에너지양을 계산해봤더니 연간 1mSv 넘은 경우가 있었어요. 상당히 오랫동안 누워서 자기 때문이죠. 기체니까 호흡하면 몸속으로 들어갑니다.


박　　　토론과 라돈 중 토론의 영향력이 더 크다는 느낌이 드는데요?

조　　　실제로 측정해보니, 라돈은 없고 토론만 있다고 할 정도로 토론이 많이 측정됐습니다. 토론에 의한 선량이 연간 1mSv 넘는 것으로 평가됐어요.


박　　　그렇다면 '토론 침대'라고 해야지 왜 '라돈 침대'라고 알려졌을까요?

조　　　사실 과학적으로는 토론도 라돈의 일종이에요. 즉 라돈의 동위원소 중 하나입니다. 그런데 토론의 성질이 유난히 독특하고 라돈의 여러 동위원소 중에서 유독 해로울 수 있는 특별한 녀석이라서 이

름을 별도로 붙여준 겁니다. '토론'이라는 이름의 근원은 이 기체가 토륨thorium에서 생겼기 때문이에요. 그래서 엄밀하게 하면 당연히 토론 침대라고 해야 하는데, 언론이 보통 일반인들한테 더 쉽게 다가가는 표현을 쓰잖아요. 그래서 사람들이 잘 아는 라돈을 붙인 것 같아요. 물론 넓게 보면 토론도 라돈의 일종이니까 라돈 침대라는 표현이 틀린 건 아니죠.

박      토론으로 인한 피폭량이 연간 1mSv라고 하셨잖아요. 나중에 자세히 얘기하겠지만, 세슘이 들어 있는 음식을 먹어도 사실 받기 힘든 에너지양 같은데요?

조      침대는 노출되는 시간이 길어서 그렇습니다.

박      모나자이트가 침대 어디에 들어갔나요?

조      침대 윗부분에 깔고 매트리스로 덮었죠. 모나자이트 속에 토륨이라는 고체가 있고, 거기서 '토론' 기체가 나와 코로 들어가는 거예요. 폐에 에너지를 다 줘 폐암을 일으킬 수 있죠.

박      침대 문제는 저희 SBS 기자들이 처음 보도하고 끈질기게 후속 보도를 이어갔는데, 모나자이트 사용이 금지됐다고 하니까 의미 있는 변화도 있었네요. 침대처럼 옛날에 '옥매트'도 유명하지 않았나요?

조    옥매트 문제도 결국은 우라늄하고 토륨이에요. 그 옥이 거의 중국산이었는데, 일부 옥매트의 경우 실제 옥이 아니고 우라늄하고 토륨 함량이 높은 광물질이었어요. 옥매트도 라돈 침대하고 똑같아요. 그것도 모나자이트에서 나온 방사성 물질을 기체로 흡입하게 됩니다. 근데 방사성 물질의 양이 아주 적은 경우가 대부분이었죠. 침대처럼 연간 1mSv까지 나온 적이 없어요. 옥매트는 사실 뜨뜻하게 찜질하면서 얻는 플러스 효과가 더 클 수도 있어요.

박    침대 말고는 문제 되는 제품이 더 없을까요?
조    사실 문제는 속옷이에요.

박    속옷도 있어요?
조    많지요. 사람들이 입는 속옷에 모나자이트가 들어간 제품이 많아요. '음이온 속옷'이라고 비싸게 파는데, 사실 정체는 모나자이트죠. 지금은 만들지 말라고 계도하고 있습니다. 그런데도 아직 모나자이트 속옷이 많이 유통되고 있을 거예요.

박    그건 침대보다 노출 시간이 더 길어질 것 같은데요?
조    침대보다 오히려 더 골치 아플 수 있어요. 한국원자력안전기술원에서 시장에서 파는 속옷을 수거해 매년 일정량씩 조사합니다.

유통되는 제품을 다 관리하죠. 모나자이트 수입하는 사람들은 한국원자력안전기술원에 등록하도록 해놨어요.

사람들이 입는 속옷에 모나자이트가 들어간 제품이 많아요. '음이온 속옷'이라고 비싸게 파는데, 사실 정체는 모나자이트죠.

**박** 모나자이트가 있는지 없는지 어떻게 측정해요? 라돈이든 토론이든 호흡하는 기체잖아요?

**조** 모나자이트 안에 있는 우라늄이랑 토륨은 고체잖아요. 그 고체를 측정해보면 라돈하고 토론 기체가 얼마나 만들어질지 알 수 있어요. 또 라돈 기체를 측정하는 고가의 측정기도 있고요. 음이온 제품 피해가 너무 커요. 침대 문제는 언론에서 잘 보도해 오래된 관행을 우리가 겨우 끊은 거예요.

**박** '호메시스 이론'이 갑자기 생각나는데요, 그 이론에 따르면 적은 양의 방사선을 받았을 때는 건강에 오히려 더 좋다는 연구 결과를 내놓고 있잖아요? 침대든 다른 제품이든, 건강에 정말 아무런 영향이 없다고 얘기할 근거는 없는 것 아닐까요? 호메시스 이론에 따르면 몸에 더 좋을 수도 있으니까요.

**조** 그렇죠. 정답은 '알 수 없다'예요. 하지만 호메시스 이론은 연구 논문이라도 있지만, 이 음이온 제품이 건강에 좋다고 입증하는 데이터나 연구 논문은 전혀 없어요. 근데 사람들이 비싼 돈 주고 제품을 사는 거죠.

박    어떤 사람들은 방사능을 1mSv만 받아도 위험하다고 생각하는데, 비싼 돈 주고 산 제품에서 방사선을 받을 수 있다는 걸 알면 황당할 것 같습니다. 호메시스 이론가들의 주장처럼, 이런 음이온 제품에서 나오는 방사선이 만약 몸에 좋다면 음식에서 나오는 방사선이든 후쿠시마 가서 받는 방사선이든 종류를 가리지 않고 전부 몸에 좋은 건 마찬가지잖아요?

조    그렇죠, 그게 호메시스 이론이죠. 무슨 방사선이든 상관없고, 방사선이 몸에 미치는 영향은 오직 에너지 총량에 따라 결정되는 거예요.

박    음이온 제품을 만들어 파는 사람들이 혹시 호메시스 관련 논문을 근거로 드는 건 아니에요?

조    그런 사람들도 있습니다. 하지만, 방사성 물질을 넣었다고 솔직하게 얘기하진 않습니다. "우리 제품은 방사능 제품입니다"라고 선전하지는 않아요. 음이온 제품은 호메시스 이론하고는 상관없어요. 제품 만드는 회사들이 그렇게 과학적이지 않아요.

# 방사선 개인 선량계,
# 불안하면 가지고 다녀야 하나?

박      방사선이 인공인지 자연인지는 중요하지 않고, 우리 몸이 받는 '방사선 에너지의 총량'만 중요하다, 그게 핵심적인 메시지죠. 후쿠시마 가면 음식에서 오는 방사선이든 공기를 통한 방사선이든 아무래도 우리나라에 있을 때보다는 피폭량이 늘어날 것 아니냐, 일반인 입장에서는 그렇게 생각할 거란 말이죠. 단기간에 100mSv 넘을 가능성은 지난번에도 얘기했지만 힘들잖아요? 가능성은 거의 없는데, 결국 내가 받는 에너지 총량을 어떻게 알 수 있을까, 그걸 알기 힘드니까 불안하고 답답해하는 것 같거든요. 온라인에 보면 개인 선량계가 있는데, 시민들이 불안하다고 그걸 차고 다니는 게 의미 있을까요?

조      내가 방사선 에너지 총량을 얼마나 받았는지 궁금하면 구입할 수 있지요. 개인 선량계에는 크게 두 가지가 있어요. '직독식'과 '간접식'이지요.

박      직독식요? 표현이 어려운데요?

조      직독, 바로 읽는다는 뜻이에요. 측정값을 즉시 알아볼 수 있게 한 거죠. 가장 대표적인 게 포켓 도시미터Pocket dosimeter라는 거예요. 간접식은 일정 기간 데이터를 누적하는 거고요. 이건 측정값을 바로 확인할 수가 없어요. 우리나라는 열형광선량계TLD라고 해서, 3개월에 한 번씩 그동안 누적한 양을 판독하는 시스템을 가동하고 있어요. 저를 포함해 원자력 시설에 근무하는 종사자들은 근무 중에 방사선 에너지를 얼마나 받는지 알아내야 하기 때문에 3개월에 한 번씩 이걸 판독해서 1년 치를 평가합니다. 원전 종사자들은 대개 두 가지 다차고 다녀요. 직독식은 측정값을 바로 알아볼 수 있는 장점이 있지만 정확도가 다소 떨어집니다.

박      직독식이든 간접식이든 일반인들은 구입할 수 없나요?

조      구입할 수 없죠. 아주 비쌉니다. 일반인들이 대개 쓰는 건 공간감마선량률 측정기예요. 측정값을 시간당 $\mu Sv$ 숫자로 알려주는 측정기죠. 후쿠시마에 공간선량률 측정기가 여러 군데 있는데, 거기서 나오는 수치랑 단위가 같은 겁니다. 그거 만드는 회사는 많아요. 그런 제품들은 20~30만 원대부터 있을 겁니다. 고가라고 해서 정확하냐, 그건 아니고 교정을 잘 받아야 합니다. 교정 과정을 잘 거쳐야 정확하게 측정할 수 있습니다.

박      비싼 것도 감마선만 측정되고, 20~30만 원짜리도 감마선만 측정되나요?

조      그렇죠. 사실 교정만 제대로 돼 있다면 20~30만 원짜리가 낮죠. 근데 앞서 얘기했지만 감마선 에너지가 큰 것도 있고, 작은 것도 있고, 중간 것도 있잖아요. 저렴한 측정기는 대개 특정 에너지의 감마선만 잡아내요. 비싼 제품은 여러 에너지 종류의 감마선을 다 잡아내고요. 저렴한 제품은 예를 들어 '세슘137만 재겠다', 그럼 세슘137에서 나오는 감마선의 특정한 에너지가 있잖아요? 0.662MeV를 잘 재도록 특화시켜놨어요. 옆에 코발트60이 있더라도 코발트60에서 나오는 감마선은 1.17MeV와 1.33MeV로 에너지가 다르기 때문에 측정기가 헷갈려서 제대로 못 재는 거예요.

박   20~30만 원이면 측정기 중에서는 저렴한 거라고 하지만, 일반인으로선 비싸게 느껴질 것 같은데요? 그런 제품도 교정된 건가요?

조   교정이 안 된 상태로 팔릴 가능성이 크다고 봐야죠.

박   그럼 개인이 교정을 의뢰해야 하는데, 현실적으로 쉽지 않겠네요?

조   일반인들이 시중에서 측정기를 구입해서 정확하게 측정하기란 사실 쉽지 않아요. 그건 감수해야 돼요.

박   저렴한 측정기를 사서 어디 기관에 돈 주고 교정을 의뢰할 수도 없고, 그렇다면 무용지물일 것 같은데요?

조　　　　그렇긴 한데, 예를 들어 0.08~0.12$\mu$Sv/h 이런 자연 방사선 량률 수준에서 0.08이냐 아니면 0.1이냐가 아니라 3, 10, 100$\mu$Sv/h, 이렇게 크게 차이 나는 수준은 알아낼 수 있지요.

박　　　　어쨌든 20~30만 원짜리 측정기를 구입해서 허리에 차고, 1~2주 일본 출장을 갔다 온다면 큰 의미 없을 것 같은데요?

조　　　　물론 그런 목적으로는 의미가 없어요. 그 대신 안심시켜주는 효과는 굉장히 크죠. 숫자를 보면 '어, 똑같네?' 하고 안심할 수 있잖아요. 숫자를 전혀 모르는 상태에서 오는 두려움하고 그래도 뭔가 숫자를 봤을 때 오는 안심은 완전히 다르니까요.

박　　　　솔직히 일반인 입장에서 방사선을 '단기간에 100mSv' 받지 않으면 큰 문제 없을 거라고 해도 자기가 방사선을 얼마나 받았는지, 그걸 알 방법이 없잖아요? 개인 선량계 차고 있을 때, 예를 들면 빨간색으로 위험 표시를 해준다거나 그런 게 있으면 좋을 것 같은데요?

조　　　　그렇죠, 그러면 최고죠.

박　　　　숫자 같은 거 다 필요 없고, 만약 갑자기 빨간불이 들어온다면 '아, 위험하구나' 경고 역할을 할 수 있잖아요. 누가 '단기간에 100mSv'를 계산할 수는 없을 것 같아요. 한 가지 더 확인하면, 만약 개인용 선량계를 사서 허리에 차고 있다면 세슘이 많이 포함된 음식을 먹었을 경우에도 측정될까요?

조　　제가 볼 때는 측정되지 않을 겁니다. 조사 결과를 바탕으로 볼 때, 세슘이 1kg당 100Bq 정도로는 측정 안 되고, 대략 1kg당 10만 Bq 정도는 오염돼 있어야 측정될 겁니다. 그건 엄청나게 오염됐다는 뜻이에요. 그래야 측정기 바늘이 움직일 거예요. 아까 70kg인 사람 몸이 3,850Bq이라고 하니까 깜짝 놀랐잖아요? 사실 100Bq, 1,000Bq도 너무너무 작은 양이에요. 방사능이 거의 없는 겁니다. 그러니까 우리가 음식을 먹어봐야 몇 kg 먹겠어요. 1kg당 100Bq의 음식을 10kg 먹어야 1,000Bq이 되는 거잖아요? 근데 그 1,000Bq이 굉장히 적은 양입니다. 그래서 개인용 측정기로는 못 재요. 개인용 선량계와 휴대용 측정기는 음식물의 방사능 오염도를 재는 데 부적합합니다. 30cm 자로 머리카락 굵기 재는 거랑 비슷해요.

> 개인용 선량계와 휴대용 측정기는 음식물의 방사능 오염도를 재는 데 부적합합니다. 학교 앞 문방구에서 30cm 자를 사서 머리카락 굵기 재는 거랑 비슷해요.

- 한국 정부의 식품 유통 기준치: 100Bq/kg
- 사람 몸에서 나오는 방사능: 55Bq/kg
- 70kg 성인 몸에서 나오는 방사능: 3,850Bq
- 개인용 선량계로 측정되는 수준: 약 10만 Bq/kg

박       제가 그 시도를 했었군요. 후쿠시마현 마트에 갔을 때 식재료를 두 박스 사가지고 숙소에 가서 휴대용 측정기로 다 재봤습니다. 한국원자력안전기술원에서 빌려간 교정 잘된 측정기로 쟀더니 굉장히 민감해서 방 안에서도 감마선 측정값이 계속 바뀌더라고요. 근데 음식물에선 수치가 안 올라가는 거예요. 잠깐 올라가더라도 금방 떨어지고요. 측정값이 움직이는 게 음식물 때문인지 아닌지 판단하기도 힘들었습니다.

조       안 돼요, 안 나와요. 10만 Bq/kg 이상은 돼야 나옵니다.

박       사람들이 일본 갈 때 방사능 걱정된다고 개인용 선량계 사서 가져가봤자 숫자가 움직이지도 않고, "야, 이거 고장 났다. 왜 안 움직여?"라며 투덜댈 수도 있을 것 같은데요. 후쿠시마 원전 근처로 가면 측정값이 좀 나올 수 있겠지만요. 만약 후쿠시마에 갈 일이 없다, 측정값이 안 움직이는 걸 확인해보고 싶은 분은 구입하셔도 되겠지만, 그렇지 않으면 개인용 측정기는 굳이 없어도 되지 않을까 싶습니다.

# 3부

## 올림픽에 터진
## 방사능 이슈
## 팩트체크

# 음식에서 왜 세슘만 검사하는 걸까?

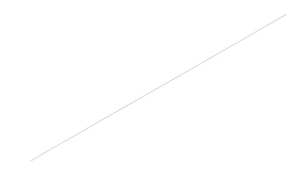

## 일본은 왜 세슘과 요오드만 검사하는가?

**박**　이번엔 사람들의 관심이 많은 음식에 대해 팩트체크해볼게요. 코로나19 때문에 도쿄올림픽이 결국 연기됐어요. 아예 취소될 수 있다는 얘기도 나오고 있고요. 올림픽이 개최되어 후쿠시마에 간다면 음식 때문에 좀 찝찝할 것 같아요. 근데 후쿠시마현이 내놓은 식재료의 방사능 검사 자료에는 세슘134, 세슘137, 그리고 요오드131밖에 없어요.

**조**　요오드도 사실은 거의 측정이 안 되죠. 요오드131은 반감기가 8일이기 때문에 원전 사고가 나고 1년 정도 지나면 거의 다 사라집니다. 지구상에 존재하지 않는 거죠. 지금까지 남아 있는 건 거의 세슘입니다.

박      그래서 요오드가 거의 불검출로 표기된 거군요. 근데 왜 이
세 가지만 측정하는 겁니까?

조      사실 조사하기 전에 어떤 방사성 물질을 조사할 건지 결정해
요. 뭘 조사할지 확인하는 작업을 먼저 하는 겁니다. 후쿠시마 사고
이후, 우선 음식물 속에 들어 있는 핵종을 조사했는데, 조사 결과 세슘
137과 세슘134 두 핵종만 들어 있었기 때문에 그것만 조사하는 거죠.
무턱대고 그냥 세슘만 조사하는 게 아닙니다. 이런 조사 방법은 어디
나 마찬가지예요. 우리나라도 그렇습니다. 우리나라도 원전 주변에서
뭘 조사할 것인지 확인하는 작업을 먼저 합니다. 요오드는 사고 초기
에만 중요하고 지금은 사실 할 필요가 없어요.

박      근데 일본 음식 얘기를 할 때 세슘이 어쨌든 미량이라도 나오
면 다른 방사성 물질이 수백 가지 있다고 얘기하는 분들이 있어요. 왜
세슘만 검사하느냐는 거죠. 혹시 세슘이랑 다른 방사성 물질이랑 몇
Bq 있는지 검사하는 방법이 다릅         요오드131은 반감기가 8일이기 때문
니까?                                              에 원전 사고가 나고 1년 정도 지나면
조      당연히 다르죠. 세슘에선         거의 다 사라집니다. 지금까지 남아
감마선이 나오고, 플루토늄에선         있는 건 거의 세슘입니다.

알파선이 나오고, 스트론튬에선 베타선이 나와요. 알파선을 측정하는 방법, 베타선을 측정하는 방법, 감마선을 측정하는 방법이 완전히 다릅니다. 또 같은 베타선이라도 스트론튬에서 나오는 베타선을 재는 것과 탄소14에서 나오는 베타선을 재는 방법이 완전히 다릅니다.

**박** 그럼 방사성 물질이 500가지라면, 서로 다른 500가지 검사법이 있는 겁니까?

**조** 검사법이 다를 수밖에 없죠. '전 처리 과정'이 다 다릅니다. 우리가 바닷물이나 흙 시료를 가져왔으면, 계측기 안에 넣기 전에 반드시 거쳐야 하는 과정이 있어요. 그걸 '전 처리 과정pretreatment'이라고 해요. 예를 들면 바닷물 10L에 든 방사성 물질을 측정하려면 증발시켜요. 그 과정에 몇 주가 걸리기 때문에, 시료 하나 측정하는 데 한 달, 두 달, 석 달이 걸리는 거예요. 물론 일부 방사성 물질들은 검사법을 공유할 수도 있지만요.

**박** 전 처리 과정부터 다르다는 건데, 측정 장비는 똑같습니까?

**조** 측정 장비도 달라요. 알파선을 계측하는 장비가 있고, 베타선을 측정하는 '액체 섬광 계수기'가 있어요. 감마선은 게르마늄 반도체를 이용한 측정기로 하고요.

박    감마선을 측정하는 게르마늄 측정기로 세슘 말고 감마선을 내는 다른 핵종도 측정할 수 있나요?

조    감마선이면 다 할 수 있습니다.


박    일본이든 우리 정부든 굳이 세슘만 검사하는 게 편해서 그런 건지, 저렴해서 그런 건지 확인해보고 싶어서 계속 질문드려요. 알파선, 감마선, 베타선을 측정하는 장비가 다 다르다고 했잖아요. 전 처리 과정 시간은 다르다 치고, 어쨌든 처음에 시료를 만들어서 최종 결과가 나올 때까지 걸리는 시간은 어떻게 다른가요?

조    측정 시간은 결국 측정치의 불확실도랑 연결돼 있습니다. 예를 들어 측정 장비를 3,600초 돌리는 거하고 8만 초 돌리는 거하고 데이터의 확실도가 달라지죠. 8만 초면 상당히 길죠? 환경 시료를 측정할 때는 대개 8만 초를 계측합니다. 아주 미세한 농도까지 들여다볼 때는 그렇게 하는 거죠.


박    그럼 질문을 좀 바꿔서 드려볼게요. 똑같은 정확도로 알파, 베타, 감마선을 측정하기 위해서는 각각의 장비가 필요한 시간이 다를 것 아닙니까? 뭐가 제일 빠르고, 뭐가 제일 느린지 궁금한데요.

조    감마선 측정이 제일 빨라요. 측정하기가 제일 쉽습니다.

박     아, 그래서 세슘이 측정하기 쉬워 그것만 검사하는 거 아니냐
는 얘기가 나오는 거군요.

조     그게 일부 사람들의 주장이에요. 선무당이 사람 잡는 겁니다.
'감마선이 측정하기 쉬운 거지? 아, 그래서 일본이 세슘만 측정하는 거
다', 이렇게 아주 단순하게 결론을 내리는 겁니다.


박     똑같은 정확도로 측정하려고 할 때, 감마선이 가장 **빠른** 건
맞고, 그렇다면 베타선이랑 알파선은 얼마나 더 오래 걸립니까?

조     계측 시간을 보면 세슘137에서 나오는 감마선은 8만 초 계측
합니다. 스트론튬90 베타선은 6,000초 계측하고, 플루토늄에서 나오
는 알파선은 20만 초 계측합니다. 근데 시료를 준비하는 시간이 또 각
각 달라요. 그 시간까지 감안하면 세슘137 분석에 걸리는 시간은 총
1주, 스트론튬90 베타선은 4주, 플루토늄239 알파선은 2주 정도 걸
려요. 분석 시료를 만드는 전 처리 과정이 다르기 때문에, 총소요시간
이 계측 시간에 꼭 비례하지는 않는 겁니다.

〈방사성 물질 분석법 비교〉

|  | 세슘137 | 스트론튬90 | 플루토늄239 |
|---|---|---|---|
| 방사선 종류 | 감마선 | 베타선 | 알파선 |
| 계측 시간 | 8만 초 | 6,000초 | 20만 초 |
| 총분석 소요시간 | 1주 | 4주 | 2주 |

출처: 「국가환경방사능감시 40년」, 과학기술부, 2005

박    제가 민간업체에 세슘 분석을 의뢰했을 때도 결과 나오는 데 주말 빼고 딱 8일 걸리더라고요.

조    식약처가 일본 수산물을 검사할 때는 8만 초까지 안 재요. 빨리 해야 되니까요. 8만 초란 우리나라가 공식적인 환경 방사능 조사 데이터를 생산하기 위해 수립해놓은 측정 방법이다, 이렇게 말할 수 있죠. 우리 정부가 만들어놓은 표준 측정 방법입니다. 따라서 이 방법으로 나온 데이터는 정확도와 정밀도 측면에서 공식 데이터라고 할 수 있습니다.

박    검사 비용도 알파선, 베타선, 감마선이 다른가요?

조    비용 문제는 결국 장비를 뭘 쓰느냐, 또 인력을 얼마나 투입하느냐에 따라 달라지죠. 정확하게 얘기하기는 어렵습니다. 스트론튬 90 측정법은 우리나라도 기술을 확보한 게 얼마 안 돼요. 정확하게 측정할 수 있는 기술을 확보하는 데 아주 오랜 훈련이 필요해요.

박    세슘에서 감마선이 나오잖아요? 이 감마선 에너지가 베타선이나 알파선보다 커서, 사람이 맞았을 때 더 위험하다든가, 혹시 그런 이유가 있어서 세슘만 검사하는 건 아닌가요?

조    그렇게 오해할 수도 있지요. 감마선은 대개 에너지 크기가 커요. 예를 들어 세슘은 에너지가 662keV(= 0.662MeV)예요. 그런데 삼중수소 베타선은 18keV예요. 세슘보다 훨씬 작죠? 에너지 크기로만 하면 사실 알파선이 제일 커요. 알파선은 5,000~6,000keV입니다.

박    감마선 에너지가 특별히 커서 세슘만 검사하는 건 아니네요?

조    에너지가 커서 검사하는 건 아니죠. 감마선은 투과력이 좋아서 손쉽게 측정할 수 있는 거예요. 감마선의 파동이 멀리까지 날아가 계측기에 쉽게 도달하는 거예요.

박    세슘에서는 감마선만 나옵니까?

조    주로 감마선만 나오지요. 그것도 딱 한 가지 에너지 0.662 MeV요. 세슘에서는 사실 베타선도 나오는데, 방금 감마선에 비해 에너지가 얼마나 작은지 얘기했죠? 베타선은 에너지가 아주 작아서 임팩트가 거의 없어요. 투과력도 작고요.

박    감마선을 측정하는 원리는요?

조    감마선이 게르마늄 반도체를 지날 때 전리(중성인 원자에서 전자가 나와 이온화하는 것)돼 전자가 나와요. 그 전자가 몇 개인지 세면 감마선이 몇 개인지 알 수 있어요. 휴대용 측정기는 공기가 전리

감마선은 투과력이 좋아서 손쉽게 측정할 수 있는 거예요. 감마선의 파동이 멀리까지 날아가 계측기에 쉽게 도달하는 거예요.

돼요. 이것 역시 전자의 개수를 세어 감마선 개수를 알아내는 겁니다.

박      제가 지금까지 쭉 질문드린 취지는 한국이나 일본 정부가 왜 굳이 세슘만 검사하는가, 검사 속도나 비용에 특별한 이유가 있는지 궁금해서입니다.

조      속도나 비용 때문에 그런 게 결코 아닙니다. 세슘137이 들어 있어야 다른 핵종도 들어 있을 수 있기 때문에 세슘137을 먼저 확인해보는 겁니다. 세슘은 다른 핵종이 있는지 없는지 판단하는 근거가 되는 거죠.

박      혹시 ICRP 같은 국제기구에서 세슘이랑 요오드만 검사하면 된다고 권고한 적이 있나요?

조      식품 방사능의 안전 문제 소관 기구는 세계보건기구WHO와 유엔식량농업기구FAO입니다. 두 기관이 공동으로 만든 '코덱스 CODEX'라는 위원회에서 가이드라인을 내놨는데, 세슘이랑 요오드만 검사하라고 한 건 아닙니다. 여러 핵종을 어느 정도 농도 이하로 관리하라는 지침이 있어요. 농도의 기준치가 제시돼 있는 겁니다.

박      그럼 코덱스가 여러 핵종의 기준치를 정해놓고, 어떤 핵종을 검사할 것인지는 각국 정부에서 자율적으로 판단하는 건가요?

조    그렇습니다. 과학적으로 판단하는 거지요.


박    우리 식약처도 세슘만 검사하고 있지 않나요?

조    식약처는 일본에서 수입하는 수산물에 대해서만 조사하고 있습니다. 국산 수산물의 방사능 농도 측정은 사실 해양수산부가 해요.


박    한국원자력안전기술원KINS은 세슘 말고 다른 핵종도 측정하고 있나요?

조    네, 그렇습니다. 매년「전국환경방사능조사보고서」를 내놓습니다.


박    가장 최근 보고서가 2018년 거네요. 쌀, 배추, 쑥, 솔잎, 양파, 고추 등을 시장에서 사다가 조사한다고 돼 있네요. 여기 보면 검사하는 방사성 물질 종류가 세슘(Cs-137), 칼륨(K-40), 베릴륨(Be-7), 이렇게 세 가지예요. 어쨌든 인공적인 핵종은 세슘만 검사하는 거 아니에요? 플루토늄 같은 것도 조사해야 되지 않나요?

조    인공적인 핵종이 세슘 하나인 건 맞는데, 다른 인공적인 핵종은 재도 안 나와요. 세슘만 나옵니다. 과거에 다른 핵종도 검사해봤지만 안 나와서, 지금은 인공 핵종 가운데 세슘만 검사하는 거예요. 이게 1940~1950년대 핵실험 때 토양에 들어 있다가 농작물로 올라온 겁

〈쌀과 배추의 방사능 농도〉

| 시료 / 측정소 | 쌀 | | | 배추 | | |
|---|---|---|---|---|---|---|
| | 세슘137 | 칼륨40 | 베릴륨7 | 세슘137 | 칼륨40 | 베릴륨7 |
| 서울 | <10.1 | 24.4±0.3 | <0.127 | <18.8 | 72.5±0.8 | <0.123 |
| 춘천 | <19.8 | 23.0±0.3 | <0.239 | <17.5 | 44.4±0.5 | <0.143 |
| 대전 | <11.2 | 30.5±0.3 | <0.0996 | <19.7 | 73.6±0.8 | 0.236±0.021 |
| 군산 | <8.87 | 22.3±0.3 | <0.0771 | <17.3 | 81.2±0.9 | <0.133 |
| 광주 | <14.7 | 33.7±0.4 | <0.136 | <20.2 | 75.9±1.0 | <0.144 |
| 대구 | <11.4 | 27.2±0.4 | <0.135 | <21.5 | 83.6±1.0 | 0.577±0.025 |
| 부산 | <13.0 | 18.2±0.2 | <0.115 | <19.0 | 50.7±0.5 | 0.775±0.024 |
| 제주 | <29.1 | 22.6±0.3 | <0.230 | 164±5 | 63.3±0.7 | 0.757±0.030 |
| 강릉 | <20.0 | 20.5±0.3 | <0.263 | <36.6 | 72.3±0.9 | 1.05±0.03 |
| 안동 | <17.6 | 25.8±0.3 | <0.189 | <20.6 | 79.7±0.8 | 0.187±0.027 |
| 수원* | <52.5 | 17.1±0.4 | <0.345 | − | − | − |
| 청주 | <30.4 | 18.3±0.3 | <0.635 | <37.6 | 98.9±1.1 | 1.03±0.05 |
| 울산 | <9.03 | 11.1±0.2 | <0.103 | <17.5 | 69.6±0.7 | 0.791±0.033 |
| 인천 | <21.4 | 37.6±0.4 | <0.275 | <25.2 | 80.9±0.8 | <0.161 |
| 진주 | <15.1 | 24.4±0.4 | <0.109 | <15.9 | 76.3±1.0 | 0.250±0.050 |

출처: 「2018 전국환경방사능조사보고서」, 한국원자력안전기술원

※ 세슘137의 단위는 mBq/kg-fresh, 칼륨40과 베릴륨7의 단위는 Bq/kg-fresh이다.

* 수원 측정소의 배추 시료는 전처리 실패

니다. 이 데이터를 근거로 해서 만든 그래프(222쪽)가 있어요.

박    그래프에서 칼륨40은 자연 상태에서 존재하는 핵종이잖아
요. 식품 안에 세슘 방사능보다 자연적인 방사능이 더 많네요? 의외인
데요?

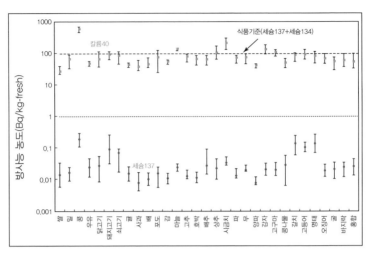

출처: 「국가환경방사능감시 40년」, 과학기술부, 2005
※ 식품 중 천연 방사성핵종 칼륨40의 방사능 농도는 보통 1kg당 40~600Bq이다.

▶ **식품군별 세슘137 및 칼륨40 농도 범위 비교**

조　　농도를 보면 칼륨40이 들어 있는 방사능 농도는 1kg당 100Bq 수준이고 세슘137이 들어 있는 농도는 1kg당 0.01Bq 수준이니까, 칼륨40이 세슘137보다 약 1만 배 정도 높습니다.


박　　음식에는 세슘이 입자 상태로 들어 있나요, 아니면 물에 녹은 상태로 존재하나요?

조　　물에 녹아서 이온 상태로 존재하는 겁니다.

## 세슘양을 알면,
## 다른 방사성 물질의 양도 알 수 있다?

박  한국이나 일본 정부가 왜 하필 세슘만 검사하는지 지금까지 그 이유를 확인했는데요, 그럼 세슘 검사를 하면 세슘의 양만 정확히 알 수 있는 거죠? 나머지는 추정하는 건가요?

조  그렇죠. 후쿠시마 원전 사고 초기에 세슘과 다른 핵종들을 다 같이 검사해서 그 비율을 알게 된 겁니다. 그때 세슘137, 스트론튬90, 플루토늄239를 토양 속에서 재본 거죠. 조사 결과 세슘이 100만 개 나왔을 때, 스트론튬은 1,000개, 플루토늄은 1개가 나왔습니다. 플루토늄, 스트론튬, 세슘의 비율이 1 : 1,000 : 1,000,000으로 나왔어요.

박  음식이 아니라 토양에서 조사했다고요?

조  네, 토양에서 재보고 그런 비율을 얻어낸 거죠. 핵분열 생성물들의 '수율곡선'이라는 것이 있는데, 낙타 등처럼 생겼어요. 원자로에서 쪼개질 수 있는 핵이 우라늄235, 플루토늄239, 우라늄233, 이렇게 세 가지예요. 그래프에서 낙타 등처럼 생긴 피크가 세슘137이에요. 137이라는 게 이 숫자예요. 최고 7%정도까지 나옵니다. 핵분열을 100번 하면 그중 7%, 7번은 세슘137이 만들어진다, 그 얘기입니다. 그다음에 요오드131이 있고, 스트론튬90은 생기는 양이 약간 적어요.

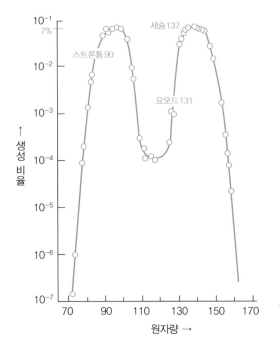

▶ 원전에서는 어떤 방사성 물질이 생기는가?
출처: Introduction to Health Physics, H. Cember

박      우라늄이 분열, 그러니까 쪼개지면서 다른 물질로 변하는 거
군요.

조      두 개의 조각으로 갈라져요. 예를 들면 우라늄235는 '140 +
95'잖아요. 140짜리가 하나 나오고, 95짜리가 하나 나오는 겁니다.
아니면 우라늄235가 쪼개지면서 세슘137이랑 98짜리가 하나 나오는
거예요.

박      원전 안에서 그런 일이 벌어진다는 뜻인가요?

조      그렇죠. 원자로 안에 핵연료가 우라늄235를 가지고 있는데
이 우라늄235가 쪼개지는 거죠. 사고가 나면 이 쪼개진 것들이 밖으
로 나오는데 그건 전혀 다른 문제고, 원래 원자로 안에 갇혀 있는 방사
성 물질들의 종류별 개수를 보여주는 그래프예요. 세슘137은 벌써 원
전 안에 있을 때부터 다른 물질들에 비해 상대적으로 많은 양이 갇혀
있는 거죠.

박      원전 안에 방사성 물질의 종류가 굉장히 많지만 존재하는 비
율이 전부 다르다는 얘기네요?

조      1,700가지나 됩니다. 근데 대부분 생기는 양이 적거나 반감
기가 매우 짧지요. 그래프로 그리면 결과적으로 낙타처럼 '쌍봉'이 생
겨요.

박      원전 내부에서 생기는 방사성 물질의 비율이 '쌍봉' 형태로 존
재한다는 건 알겠는데, 그럼 사고가 나서 원전이 폭발하면 방사성 물
질들이 방출되는 양도 이런 쌍봉
형태인가요?

조      그건 아니죠. 방사성 물
질이 밖으로 나올 거냐 안 나올

원래 기체였던 방사성 물질이 제일 빨
리 나올 겁니다. 제논이나 크립톤, 이
런 건 원전 안에 갇혀 있을 때도 기체
니까 무조건 다 나온다고 볼 수 있죠.

거냐, 그중에 빨리 기체로 변하는 물질은 밖으로 잘 나오겠죠. 원래 기체였던 방사성 물질이 제일 빨리 나올 겁니다. 제논이나 크립톤, 이런 건 원전 안에 갇혀 있을 때도 기체니까 무조건 다 나온다고 볼 수 있죠.

박      제논이랑 크립톤은 북한이 핵실험했을 때 우리 정부가 관측하는 거잖아요? 기체로 돼 있어서 그런 거네요. 다른 물질들은 원전 밖으로 어떻게 방출됩니까?

조      원전 내부에서 원래 고체였던 건 방출되려면 일단 녹아서 액체로 변해야 돼요. 그다음에 다시 기체로 돼야죠. 결국 기체로 변하는 온도, 즉 기화점boiling point이 몇 도냐에 달려 있는 거예요. 생각해보세요. 기화점이 낮은 게 요오드131이에요. 200도 정도 되죠. 근데 원자로는 사고가 나면 뜨거워져서 3,000~4,000도까지 올라가요. 요오드 기화점이 200도이니 전부 기체 상태로 있다고 봐야죠. 따라서 원전 사고가 나면 거의 다 밖으로 나오게 되죠.

박      세슘137은 몇 도에 기체가 되느냐, 그게 중요하겠네요?
조      세슘137은 670도 정도예요. 그 기화점보다 온도가 더 올라가면 전부 기체로 존재해요. 그래서 세슘137이 원전 밖으로 나올 가능성이 높다는 겁니다.

박      그럼 원전이 폭발하는 시점에 온도가 몇 도냐에 따라 방출되는 방사성 물질의 비율이 변하는 건가요?

조      그렇죠. 그래서 어느 정도 규모의 원전 폭발이냐, 체르노빌 사고냐 후쿠시마 사고냐, 또 사고 당시 원자로 온도에 따라 양상이 완전히 다르죠. 사고 직전에 원자로가 어떤 조건이었느냐, 원자로 안의 핵연료가 어느 정도까지 뜨거워졌느냐, 온도가 1,000도까지 올라갔느냐 2,000도까지 올라갔느냐, 아니면 3,000도까지 올라갔느냐에 따라 다 달라질 수 있죠.


박      후쿠시마 원전 사고 때는 온도가 어느 정도까지 올라갔나요?

조      핵연료가 녹았거든요. 저희가 볼 때 일시적으로는 3,000도 내지 4,000도까지 올라갔다고 봅니다.


박      3,000~4,000도면 세슘은 당연히 기체 상태로 있었겠네요?

조      그렇죠.


박      요오드도 당연히 기체 상태였을 거고요. 그럼 세슘이나 요오드, 이런 것들은 방출되어 실온으로 나오면 어떻게 됩니까?

조      원자로 밖으로 나오면 온도가 갑자기 확 내려가잖아요. 그럼 그게 다시 고체particle(입자)로 변해요. 기체가 액체 상태로 변했다가,

액체 상태가 다시 온도가 더 내려가면 고체 상태로 되어 아주 미세한 입자가 돼요. 세슘도 그렇게 퍼진 겁니다.

박    그럼 세슘이 원전 사고 초기에는 굉장히 작은 고체로 변해 그 입자 형태로 바람에 날아다녔겠네요?

조    맞습니다.

박    스트론튬이나 플루토늄도 마찬가지였을까요?

조    그렇죠. 변하는 온도, 즉 고체가 액체로 변하고, 액체가 기체로 변하는 온도만 다른 거죠.

박    결국 원전이 폭발한 시점에 기체로 존재하는 핵종이 무엇이냐가 중요하겠네요.

조    그렇죠. 원자로 온도가 몇 도까지 올라갔느냐, 또 그 온도가 어느 정도 기간 유지됐느냐도 중요하죠.

박    고온이 유지되는 시간도 중요하다고요?

조    왜냐하면 4,000도까지 순간적으로 올라갔다 팍 떨어져버렸다면 순간적으로는 기체가 됐지만 다시 바로 고체가 되어버리잖아요? 그럼 원전이 폭발했을 때 밖으로 날아가지 못해요. 근데 4,000도로 올라가서 오랫동안 지속됐다면 계속 기체로 존재했겠지요. 그러면 방사성 물질이 원자로 안에서 원전 밖으로 방출될 수 있는 상태로 머물러 있는 거죠.

## 세슘, 스트론튬, 플루토늄 외에 다른 물질은 진짜 더 없을까?

박　　　원전 사고 직후 세슘137이랑 스트론튬90, 플루토늄239의 비율을 조사했다고 했잖아요? 왜 하필 그 세 가지를 측정했을까요?

조　　　그게 가장 대표적인 핵종이라서 그래요. 쌍봉 그래프 봤잖아요. 세슘137이 많이 나온다고 했는데, 그걸 감마선을 내는 대표 핵종으로 선택한 겁니다. 그리고 스트론튬90은 베타선을 내는 가장 대표적인 핵종이에요. 그다음이 플루토늄239인데, 우라늄238이 원전에서 중성자를 먹으면 플루토늄239로 바뀌어요. 이게 알파선을 내는 대표적인 핵종입니다. 그래서 그 세 가지를 측정한 거예요.

박　　　알파선, 베타선, 감마선의 대표를 뽑았다는 건데, 그게 쌍봉 그래프에서 가장 많이 나오는 것들이라는 얘기죠?

조　　　앞의 쌍봉 그림에서 세슘137이랑 스트론튬90은 나와 있는데, 플루토늄239는 우라늄235가 둘로 갈라져서 생기는 것은 아니라서 거기 안 나와요. 근데 핵연료가 중성자를 흡수하면 알파선을 내는 플루토늄이 되니까 조사한 겁니다. 플루토늄239가 원자폭탄을 만드는 재료가 돼요.

박   그럼 세슘이랑 스트론튬, 플루토늄의 기화점을 정확히 확인해보면 좋겠는데요?

조   세슘은 정확히 보면 671도로 나오고, 스트론튬은 1,384도네요. 플루토늄은 3,235도고요. 이게 기체가 되는 온도입니다.

박   세 가지 핵종을 조사해봤더니 세슘이 100만 개 나왔을 때, 스트론튬은 1,000개, 플루토늄은 1개라고 했잖아요? 기화점이 서로 달라서 그렇다는 건데, 다른 이유는 없나요?

조   기화점이 다른 것, 그게 주원인입니다. 쌍봉 그래프에서, 세슘하고 스트론튬은 수율이 거의 비슷했잖아요? 그 얘기는 원래 원전 안에 갇혀 있을 때는 세슘과 스트론튬의 양이 비슷했다는 거예요. 근

〈방사성 물질의 기화점과 방출량의 관계〉

|  | 플루토늄239(알파선) | 스트론튬90(베타선) | 세슘137(감마선) |
|---|---|---|---|
| 기화점(℃) | 3,235 | 1,384 | 671 |
| 조사된 검출량 비율 | 1 | 1,000 | 1,000,000 |

데 스트론튬의 기화점이 더 높으니까 기체가 되는 비율이 작았던 것이고, 결국 폭발 당시 밖으로 나온 비율도 적어진 겁니다.

박 후쿠시마 원전이 몇 도까지 올라갔는지 정확히 알 수는 없지만, 스트론튬은 일부 액체 상태로 있었을 수도 있다, 그래서 '펑' 하고 폭발할 때 세슘이 가장 많이 기체 상태로 자유롭게 방출됐다, 따라서 지금 후쿠시마 곳곳에서 세슘이 제일 많이 나오는 거다, 이렇게 이해하면 되는 거예요?

조 그렇죠, 정확합니다.

박 세슘이랑 다른 핵종 비율을 사고 초기에 한 번만 조사하지는 않았을 거고 여러 번 했을 텐데, 비율이 크게 달라진 적은 없습니까?

조 1(플루토늄239) : 1,000(스트론튬90) : 1,000,000(세슘137), 이 비율은 크게 다르지 않았죠. 지금까지 확인된 바에 따르면 그렇습니다.

박 아까 쌍봉 그래프에서 대표적인 핵종 세 가지를 뽑았다고 했는데, 그거 말고 당연히 다른 핵종들도 있을 거 아니에요. 그럼 다른 것들은 조사 안 해도 되는 거냐? 이런 의문을 갖는 사람이 있을 것 같은데요?

조 당연히 조사했죠. 유엔방사선영향위원회 보고서에 표가 나와 있어요. 세슘뿐만 아니라 요오드131, 제논133, 텔레륨132, 바륨140, 란타늄140, 이거 다 조사했어요. 그랬더니 바륨, 란타늄은 체르노빌 때는 나왔지만 후쿠시마 때는 안 나오고, 텔레륨도 낮게 나왔어요. 또 제논은 원래 기체라고 했잖아요? 반감기도 짧지만 제논은 공기 중에서 다 흩어져버렸다는 겁니다. 그러니까 세슘137만 조사하고 다른 건 조사하지 않았다는 건 맞지 않죠.

박    원전에 방사성 핵종이 1,700가지 있다고 했는데, 그래도 너무 적은 종류만 조사한 것 아니냐, 이제 이럴 것 같은데요?

조    1,700개 가운데 거의 1,500개는 반감기가 매우 짧아요. 몇 초, 몇 분, 몇 시간 정도예요. 반감기가 짧다는 건 금방 없어져버린다는 의미입니다. 아까 얘기한 '토론' 기체는 한 1분? 기체가 막 나오고 금방 끝이에요. 다 사라져요. 반감기가 긴 것들이 중요하죠. 살아남아서 원전 밖으로 나오니까요. 그게 200종류 정도 돼요. 그 리스트가 우리 원자력발전소 안전성 분석 보고서에 쫙 나와 있어요. 바로 그것들을 관리하는 거고, 거기서 대표적인 걸 측정한 겁니다.

박    200종을 다 조사한 건 아니잖아요?

조    다 조사한 건 아니지만, 수율이 아까 낙타 등처럼 딱 정해져 있잖아요. 기화점도 정해져 있고요. 온도가 정해져 원전 밖으로 나올 수 있는 확률이 있잖아요. 그걸 보면 실제로 조사한 핵종 말고 다른 핵종들의 양이 얼마나 될지, 상대적으로 판단할 수 있습니다. 200가지를 일일이 측정해야 알 수 있는 게 아니라요.

박   원전 밖으로 나오는 양이 어차피 기화점 순서대로니까 그렇다는 거죠?

조   그렇죠. 그래서 200가지를 다 측정해봐야 아는 게 아니고, 대표적인 '똘똘한 놈' 몇 개만 조사해보면 그 주변 핵종이 얼마나 있는지 대략 알 수 있는 겁니다.

박   세슘의 기화점이 671도잖아요. 세슘보다 기화점이 낮은 방사성 물질이 세슘보다 더 많이 나왔을 것 아닙니까?

조   요오드131 하나뿐이에요. 반감기가 8일로 짧다고 했었죠.

박   왜 세슘만 조사하는지 이제 정확히 알겠습니다. 근데 어떤 사람들은 세슘 검사가 싸고 결과가 빨리 나오니까 세슘만 조사하는 거 아니냐고 하잖아요?

조   이런 내용을 전혀 모르니까 그렇게 얘기하는 거죠. 세슘이라는 물질이 원전 안에서 많이 생 세슘이 원전 안에서 많이 생기기도 하지만 기화점도 낮아요. 근데 물에도 잘 녹고 흙에도 잘 달라붙어서 과학자들이 세슘만 쫓아다니는 겁니다.

기기도 하지만 기화점도 낮아요. 그래서 대표적인 겁니다. 근데 물에도 잘 녹고 흙에도 잘 달라붙어요. 그래서 과학자들이 세슘만 쫓아다니는 겁니다. 이걸 모르고 왜 세슘만 조사하느냐고 자꾸 얘기하는 거죠. 세슘이 대표 주자예요.

박    근데 핵연료는 원자로 안에 있는 거 아니에요? 후쿠시마 사고는 원자로 자체가 터진 게 아니고, 그걸 덮은 외부의 구조물이 터진 건데, 세슘이나 스트론튬은 어떻게 밖으로 나왔을까요?

조    원자로 내부 온도가 올라갔겠지요. 따라서 핵연료를 감싸고 있는 피복관이 깨지거나 녹아내렸을 거예요. 원자로 안에는 냉각수가 흘러가는 관이라든가 기체가 흘러갈 수 있는 통로, 관통부가 있어요. 그런 틈 때문에 기체 상태인 것들은 원자로 밖으로 새어나오는 겁니다. 후쿠시마 원전은 수소가 폭발하면서 천장이 날아갔으니까 거기로 나가버린 거죠.

박    체르노빌은 후쿠시마 원전보다 고온에서 더 장시간 유지됐었나요?

조    체르노빌은 2주 동안 고온 상태에 있었어요. 그러니까 밖으로 나온 방사성 물질의 양과 비율이 후쿠시마와 완전히 다르죠.

## 플루토늄은 양이 아무리 적어도,
## 더 위험한 거 아닐까?

**박** 일반인 입장에서 궁금할 만한 내용을 좀 더 팩트체크할게요. 사고 초기 원전 근처에서 측정했더니 플루토늄이 나왔다는 보도가 있었는데, 그렇다면 플루토늄은 지금도 나올 수 있겠네요? 반감기가 엄청 기니까요.

**조** 어떤 흙에서는 나올 수 있죠. 만약 엄청나게 많이 오염된 귀환곤란지역 같은 데 들어가 토양 시료를 떠서 플루토늄239를 측정해보면 당연히 나올 수 있죠.

**박** 원자폭탄 만드는 플루토늄이 나올 수 있다고 하니까 더 위험하게 들리는데요. 플루토늄에서는 알파선만 나오나요?

**조** 주로 알파선이 나오죠. 감마선도 나오긴 하는데 무시할 수 있어요. 반감기가 길어서 나오는 빈도가 거의 없어요.

**박** 예를 들면 플루토늄이 들어 있는 버섯을 먹을 수도 있겠네요?

**조** 당연하죠.

**박** 사람들은 아무리 미량이라고 해도 0이 아니면 위험하다고 생

각할 수 있어서, 알고 있으면 좋을 것 같아 드리는 질문이에요. 세슘
137은 생물학적 반감기가 110일인데 플루토늄도 똑같나요?

조　　　다르죠, 다 달라요. 몸 안에 들어왔을 때 움직이는 패턴이 달
라서 그렇습니다. 자료를 보니까, 플루토늄239는 생물학적 반감기가
20~50년으로 조사돼 있어요. 몸에 들어오고 20~50년 지나야 처음
양의 절반으로 줄어드는 겁니다.

박　　　만약에 식재료 1kg당 세슘이 100Bq인 음식이 있다고 가정해
볼게요. 이건 유통 가능한 최고치니까 아주 보수적으로 가정한 거예
요. 세슘이 100만 Bq 있을 때, 플루토늄은 1이 있다는 거니까, 플루토
늄이 세슘 100Bq의 100만 분의 1 들어 있을 거 아니에요? 그럼 플루
토늄은 0.0001Bq/kg이 돼요. 그리고 생물학적 반감기를 적용하면
그 음식을 매일 200g씩 1년 내내 먹었을 때 어느 정도 방사선량을 받
게 될 것인가, 이걸 계산해볼 수 있지 않을까요?

$$0.2\text{kg/1일} \times 365\text{일} \times 0.0001\text{Bq/kg} \times 5.2 \times 10^{-3}\text{mSv/Bq}$$
$$= 3.8 \times 10^{-5}\text{mSv} = 0.000038\text{mSv}$$

　　　계산이 복잡하네요. 결과만 보면 될 것 같은데 0.000038mSv
네요? 세슘이 1kg당 100Bq인 음식을 1년간 매일 200g씩 먹는다고
가정하면, 플루토늄으로 인한 피폭량이 이렇다는 거죠? 일반인들 선

량한도가 1년에 1mSv니까 이 정도면 무시해도 되겠는데요. 음식에서 "세슘 나오면 다른 방사성 물질 수백 가지가 나온다"는 말이 과연 사실인지 팩트체크하다 여기까지 왔는데, '수백 가지'가 확실한지는 잘 모르겠네요.

조　　원전에서 폭발할 때 나오는 방사성 물질 대부분이 반감기가 아주 짧으니까, 수백 가지는 아닐 거고 '수십 가지' 방사성 물질이 더 있다는 건 확실하죠.


박　　세슘이 검출되면 다른 방사성 물질 '수십 가지'가 더 있다는 건 확실한데 양이 굉장히 적다, 그 이유는 기화점 때문이다, 이렇게 결론 내리면 되겠죠? 그리고 세슘보다 다른 방사성 물질이 더 많이 나온 사례는 없다는 거고요.

조　　그렇습니다. 체르노빌의 경우도 그랬고 후쿠시마 때도 그렇죠. 원전 내부에서 나오는 방사성 물질의 수율 그래프와 기화점만 봐도 세슘이 가장 많이 나올 수밖에 없는 겁니다.

# 방사능 음식 먹으면, 몇 만 배 피폭되나?

## 억울한 고등어, '내부피폭'이란 무엇인가?

박      방사능 팩트체크, 고등어 얘기로 이어가겠습니다. 제가 박사님 글에서 고등어를 보고, 기사에서도 고등어를 언급한 적이 있거든요. 세슘이 든 고등어를 1년에 어느 정도 먹으면 피폭선량이 흉부 엑스레이와 비교해 어느 정도다, 고등어를 예로 들어 설명했어요. 근데 고등어 키우는 분이 저한테, "기사 내용은 다 알겠고 고등어 먹어도 큰 문제는 없을 거라고 의문점을 해소해줘서 고마운데, 왜 하필 고등어라고 보도하느냐?"며 항의하는 메일이 왔어요. 박사님이 고등어를 언급한 데는 특별한 이유가 있나요?

조      사실은 고등어를 사용한 원조가 따로 있어요.

박      탈핵 강의 많이 하고, 언론에도 자주 나오는 그분 말이죠?

조      맞아요. 그 사람이 서울의 한 고등학교에 가서 고등어, 명태, 대구를 300년간 먹지 말라는 강의를 했어요. 그거에 대해 한 언론이 그 발언에 문제가 있다고 고발하는 보도를 냈죠. 그 사람이 고등어 얘기를 먼저 꺼냈기 때문에 저도 할 수 없이 고등어를 사용한 거지, 다른 이유는 전혀 없습니다.


박      그분이 고등학교 강의와 비슷한 시기에 다른 강의도 하셨더라고요. 제가 그분 강의 영상을 찾아봤어요. 왜 하필 고등어, 명태, 대구인지 들어봤더니 일본에서 많이 수입되기 때문이랍니다.

조      300년간 먹지 말라는 발언에 대해 언론이 문제 있다고 지적한 다음부터는 더 이상 얘기하지 않더라고요.


박      고등어, 명태, 대구가 문제라면 다른 생선도 마찬가지겠죠?

조      당연하죠. 그 세 가지뿐 아니라 다른 것도 다 문제가 되는 거지요. 고등어, 명태, 대구가 중요한 게 아니에요.


박      저는 그냥 '생선'이라고 하겠습니다. 어쨌든 생선 먹지 말라고 한 게 결국에는 '내부피폭' 때문이잖아요? 일반인들이 들으면 '피폭'이라는 단어도 그냥 방사선을 받는다는 얘기구나 하는 정도로 이해할 텐데, 여기서 '내부'와 '외부'가 나오면 헷갈릴 것 같거든요. '내부피폭'이라는 게 정확히 무슨 말인가요?

조    내부피폭에는 세 가지 경로가 있어요. 입, 코, 피부, 이렇게 세 가지 경로로 방사성 물질이 몸 안에 들어와 인체 내에서 신진대사 과정을 거친 뒤 몸 밖으로 배출되는데, 몸 안에 있는 기간 동안 방사선이 몸 세포에 에너지를 전달하는 거예요. 그게 내부피폭입니다.

박    방사성 물질이 몸 안에 들어와서 우리 신체 세포에 에너지를 주는 과정이라고 이해하면 된다는 거죠?

조    그렇죠. 어떤 물질이든지 몸 안에 들어오면 그 물질의 화학적인 형태에 따라 몸에 체류하는 기간이 달라집니다.

박    먹는 거하고 호흡하는 건 알겠는데, 피부로 내부피폭할 수 있다는 건 무슨 얘기죠?

조    삼중수소가 피부를 통해 몸 안으로 들어올 수 있어요. 삼중수소는 공기 중에 보통 물로 존재해요. 그 물이 피부에 닿으면 몸속으로 들어오는 거죠. 물론 양은 굉장히 적어요. 이 삼중수소 외에 피부를 통해 몸에 방사성 물질이 들어오는 경우는 거의 없죠.

박    삼중수소는 액체인가요? 상온에서 어떤 형태로 존재하죠?

조　　　공기 중에 습도라고 볼 수 있죠. 사실 정확하게 얘기하면 기체 상태의 물 즉, vapor, 그러니까 증기나 스팀 같다고 생각하면 돼요. 아주 미세한 스팀 형태로 공기 중에 존재하죠.

박　　　사람들이 일본 음식 얘기할 때는 삼중수소라는 말을 들어볼 일이 없을 것 같고, 원전 오염수 보도 나올 때 삼중수소 얘기가 많이 나오잖아요.

조　　　그렇죠. 이건 어떤 필터를 쓰더라도 거를 수가 없어요. 화학적인 성질이 그냥 물이라서 그래요. 물하고 행동하는 게 똑같아요. 그래서 배출할 때 유일한 방법이 많은 양의 물에 희석하는 거예요. 농도를 낮추는 거죠. 음식에는 삼중수소가 거의 들어 있지 않습니다.

박　　　우리 원전에서도 삼중수소가 나오는지 궁금한데요. 물에 희석해서 바다로 내보내는 건가요?

조　　　그렇죠. 저희가 조사해보니, 월성 원자력발전소에서 약 3년 간 내보내는 삼중수소의 양이 현재 후쿠시마 원전에서 보관하고 있는 삼중수소량이랑 비슷해요.

박　　　이걸 희석해서 바다로 내보내면, 바다에서 잡는 생선에서 삼중수소가 나올 가능성은 전혀 없는 거예요?

조      워낙 농도가 낮아요. 계산해봤더니, 후쿠시마 원전에 보관 중인 삼중수소가 3g 정도예요. 물 115만 톤에 삼중수소 3g이 녹아 있는 거죠. 지금 태평양 바다에 존재하는 삼중수소를 다 합치면 650kg 정도 됩니다.

박      삼중수소 얘기로 너무 나가는 것 같아서, 다시 돌아올게요. 어쨌든 내부피폭이랑 외부피폭을 가르는 기준은 방사선을 내는 물질이 몸 안에 있느냐, 밖에 있느냐 하는 거죠?

조      맞습니다.

박      방사선 방호를 연구하는 전문가들도 외부피폭, 내부피폭이라는 개념을 쓰시나요?

조      당연하죠. 알파선과 베타선은 주로 내부피폭으로 인체에 피해를 줄 수 있는 방사선이구요. 대신 감마선은 몸 밖에 있어도, 몸 안에 들어와서도 에너지를 줄 수 있어서 외부피폭과 내부피폭 경로를 둘 다 고려해야 합니다.

박      예를 들어 세슘이 든 생선을 손으로 들고 있는 것하고, 그 생선을 먹어 몸의 세포가 에너지를 받는 것하고 똑같은 겁니까?

조      우리 몸 세포가 에너지를 받았다는 관점에서는 같습니다. 세

242

슘에서 감마선이 나오기 때문에 내가 생선을 손에 들고 있어도 에너지가 오고, 먹어도 에너지가 올 수 있어 같다고 볼 수 있어요. 대신 생선이 알파선을 내는 핵종에 오염돼 있다고 가정하면, 생선을 손에 들고만 있는 경우엔 그 알파선이 우리 몸에 안 옵니다. 알파선은 투과력이 약해서 못 와요. 공기 중에서 5cm밖에 못 날아갑니다. 베타선도 피부 정도는 뚫고 들어오는데, 피부 표면에서 0.07cm 이상은 못 들어옵니다.

> 내부피폭으로 인체에 피해를 줄 수 있는 방사선은 알파선과 베타선이에요. 대신 세슘에서 나오는 감마선은 몸 밖에 있어도, 몸 안에 들어와서도 에너지를 줄 수 있어요.

## 세슘137 반감기가 30년, 먹으면 30년 피폭되는 건가?

박    내부피폭을 팩트체크하려면 '생물학적 반감기'를 정확히 알아야 할 것 같아요. 세슘137이 몸에 들어오면, 몸 밖에 있을 때보다 반감기가 짧아진다, 그걸 '생물학적 반감기'라고 하잖아요? 방사성 물질을 먹으면 몸 밖으로 배설되기 때문인데, 세슘137 말고 다른 방사성 물질은 생물학적 반감기가 전부 다른가요?

조    맞아요, 생물학적 반감기가 다 달라요.

박     먹으면 똑같이 소화되고, 대략 비슷한 기간에 걸쳐 몸 밖으로 나갈 것 같은데, 왜 다른 거죠?

조     예를 들면 음식물 속의 세슘이 체내로 흡수된 다음 혈액을 따라 우리 몸 안에서 움직이는 패턴하고 스트론튬이 우리 몸 안에서 움직이는 패턴이 서로 다르기 때문이에요.

박     음식마다 소화되는 시간이 다른 거랑 비슷한 겁니까?

조     그건 아니에요. 아래 그림은 우리 몸에 방사성 물질이 들어왔을 때 어떤 경로로 이동하는지를 나타낸 거예요. 음식처럼 위로 들어왔다가 소장, 대장을 거치죠. 여기서 각 장기로 이동할 때 방사성 물질

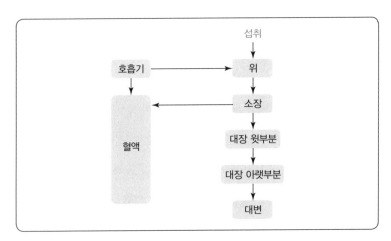

▶ 몸속에 들어온 방사성 물질 이동 경로

출처: Structure of the ICRP's previous model of gastrointestinal transfer(ICRP, 1979)

마다 다음 장기로 전달되는 비율이랑 속도가 다른 거예요.

박      그게 방사성 물질마다 달라요?

조      전부 달라요. 소장에 오래 머무르느냐, 대장에 오래 머무르느냐, 다음 장기로 몇 퍼센트가 전달되느냐, 이게 방사성 물질별로 다 달라요.

박      피곤한데요?

조      엄청 피곤하죠. 그래서 미국 시카고에 있는 아르곤 국립연구소Argonne National Laboratory에서 실험을 했어요. 세슘은 생물학적 반감기가 110일이고 삼중수소는 물이니까 10일이라는 결과가 있어요. 오늘 내가 물을 2L 마시면, 10일 지났을 때 오늘 마신 물 중 1L가 빠져나가요. 그런데 플루토늄은 생물학적 반감기가 20~50년으로 길죠.

박      일본 음식 얘기할 때는 세슘137이 제일 중요할 텐데, 세슘이 110일이면 방사성 물질 가운데 생물학적 반감기가 긴 편인가요?

조      제가 다섯 가지를 조사해왔어요. 삼중수소, 세슘137, 스트론튬90, 토륨232, 플루토늄239, 이렇게 다섯 가지를 보면, 삼중수소가 몸에서 제일 빨리 빠져나가요. 그다음에 세슘, 토륨, 스트론튬, 플루토늄 순이죠.

<방사성 물질의 생물학적 반감기>

| 종류 | 생물학적 반감기 |
|------|----------------|
| 삼중수소 | 10일 |
| 세슘137 | 110일 |
| 토륨232 | 700일 |
| 스트론튬90 | 30년 |
| 플루토늄239 | 20 ~ 50년 |

출처: 미국 아르곤 국립연구소

박   원전 사고 이후 환경에 가장 많이 남아 있는 것이 세슘인데, 몸에서 비교적 빨리 빠져나간다고 하니까 천만다행이네요.

조   그렇죠, 천만다행이죠. 세슘은 왜 빨리 빠져나가느냐, 세슘의 가장 중요한 특징인 물에 잘 녹기 때문이죠. 우리 몸은 대부분이 물이고, 세슘137은 물에 잘 녹으니까 그나마 빨리 빠져나가는 거예요.

박   세슘의 생물학적 반감기가 플루토늄 수준이었으면 끔찍했을 것 같아요. 20~50년 지나봐야 겨우 처음 먹은 양의 절반으로 줄어든다는 거 아닙니까?

조   골치 아프죠. 만약 그랬다면 고등어 300년 먹지 말라는 말에 동의할 수도 있죠. 한 번 먹으면 거의 평생 남는다는 말이 당연히 맞지요. 세슘137 반감기가 플루토늄 정도였으면, 아마 사람이 죽기 전까지 잘해봐야 처음 먹은 세슘양의 절반, 아니면 4분의 1 정도만 몸 밖

246

으로 빠져나갈 거예요.


박      세슘만 신경 쓴다는 건 다행이에요. '생물학적 반감기'에서 '반감기'란 우리 몸 안에 방사성 물질이 있을 때 그게 몸 밖으로 빠져나가서 처음 양의 절반으로 줄어드는 기간을 뜻하는 거잖아요.

조      맞아요, 배설된다는 뜻입니다.


박      근데 몸 밖에 있을 때는 반감기라는 말이 완전히 다르게 쓰이는 것 같은데요?

조      그게 물리적 반감기physical half-life예요. 물리적 반감기는 그냥 어떤 존재의 물리적인 특성, 존재하는 특성 때문에 일정한 시간이 지나면 다른 원소로 바뀌어요. 그렇게 바뀌어 처음 양의 절반이 되는 기간을 말하는 거죠.


박      물질의 존재가 사라지는 게 아니고 아예 다른 물질로 바뀌는 거죠?

조      맞아요. 예를 들어 세슘137은 바륨137로 바뀌어요. 그 과정에서 0.662MeV의 에너지를 가진 감마선이 나오는 거죠. 사실 세슘이 바륨으로 바뀔 때 100번 바뀌면 95번은 0.662MeV 감마선이 나오고, 5번은 감마선이 안 나오고 그냥 베타선만 나와요.

박    그럼 사람이 세슘이 든 음식을 먹었을 때, 몸속의 세슘에서 감마선이 나왔다는 건 세슘137이 바륨이 되었다는 뜻인가요?

조    그렇죠, 더 이상 세슘137은 없다는 뜻이에요. 세슘이 감마선을 냈다면 이미 바륨이 된 거죠.

박    바륨은 방사성 물질 아닌가요?

조    아니에요. 바륨137은 안정적이에요. 안정적인 것은 에너지가 안 나와요. 세슘137은 에너지가 과잉이에요. 그래서 남는 에너지를 밖으로 내보내야 하는데 그게 감마선으로 나오는 거죠.

박    그럼 제가 세슘이 든 생선을 먹었을 때 30년이 지났다면 이미 생물학적 반감기에 따라 대부분의 세슘은 몸 밖으로 빠져나갔을 거잖아요? 근데 생물학적 반감기가 진행될 때도, 어떤 세슘은 제 몸 안에서 바륨으로 바뀔 수 있는 건가요?

조    맞아요, 동시에 진행됩니다. 세슘137이 배설도 되고 몸속에서 바륨으로 바뀌기도 하죠. 근데 세슘137이 바륨137로 변하는 속도가 느려요. 30년이 지나야 세슘 100개가 바륨 50개로 되는 겁니다. 그전에 이미 다 배설되어버리겠죠. 물리적 반감기(30년)가 매우 길다고 할 수 있습니다.

박    세슘137의 생물학적 반감기가 110일이잖아요. 그럼 반감기
가 대략 몇 번 정도 지나면 신경 쓰지 않아도 되는 겁니까?

조    통상적으로 '10 반감기', 반감기가 10번 지나면 그렇게 봅니
다. 반감기 10번이면 처음 양의 2의 10승 분의 1, 즉 1,024분의 1이
되죠. 세슘은 110일이 10번이면 1,100일이잖아요. 약 3년이면 처음
몸에 들어왔던 양의 99.9%는 몸 밖으로 빠져나가 몸에는 0.1%만 남
아요. 거의 다 빠져나간다고 볼 수 있죠.


박    제가 내부피폭 관련 기사를 썼더니 "세슘을 먹으면 몸속으로
들어와서 위벽이랑 장 내부에 달라붙어 있는 거 아니냐", "내부피폭이
당연히 더 위험한 거지 기사를 왜 그렇게 쓰느냐", 뭐 이런 댓글이 엄
청 달리더라고요. 실제로 위나 장의 벽에 달라붙을 수도 있는 거 아닌
가요?

조    그것도 미국 국립연구소가 다 조사해놨어요. 방사성 물질이
몸 안으로 들어오면 "전신에 골고루 퍼진다"고 되어 있어요. 인체가
물이고, 세슘이 물에 잘 녹아서 그런 겁니다. 몸에 들어온 방사성 물질
이 뼈에 얼마나 들어 있는지, 위벽에 붙어 있는 건 아닌지 다들 궁금해
해서 조사해봤더니 그렇지 않더라는 거예요. 위에서 흡수되면 소장으
로, 혈액으로, 그렇게 전신에 퍼진다는 겁니다.

박    방사성 물질의 생물학적 반감기를 조사한 데가 거기 말고는 없나요?

조    미국의 아르곤 국립연구소에서만 보고서를 냈어요. 그 연구소는 사실 원자폭탄에 관련된 여러 실험 데이터를 모으려고 설립된 기관이에요.

박    근데 생물학적 반감기를 알아내려면 실제로 먹여봐야 되는 거 아니에요? 먹여본 결과인가요?

조    당연하지요. 모두 1940~1950년대 자료예요. 지금은 이런 실험을 하면 윤리적으로 문제가 되니까 할 수 없지요. 이 보고서에 사람한테 먹여본 결과라고 밝히지는 않았지만, 연구하는 사람들은 대개 알지요.

박    실험에 비윤리적인 측면이 있는데, 그게 아니면 세슘 먹었을 때 몸에 얼마나 머무르는지 지금까지도 몰랐을 수 있겠네요.

조    일본 히로시마와 나가사키에 원자폭탄이 떨어진 게 인류의 비극이지만, 그로 인해 '방사선에 얼마나 노출됐을 때 사람이 암에 걸려 죽을 수 있느냐', 이런 과학적인 데이터를 알게 됐지요.

# 세슘137 감마선과 몸에서 나오는 감마선, 뭐가 더 강할까?

박      만약 1kg당 세슘이 100Bq 들어 있는 음식을 먹었다면, 이건 식품 유통 기준치에서 가장 높게 잡은 거죠. 그 음식을 1kg 먹었다면 100Bq이니까, 몸에서 1초에 감마선이 100개씩 나오는 거죠?

조      맞습니다. 그리고 먹은 지 110일(세슘137의 생물학적 반감기)이 지나면 1초에 50개씩 나오는 거죠.

박      그런데 지난번에 우리 몸 자체에서 나오는 방사선이 몸무게 70kg인 성인의 경우 1초에 3,850개라고 했잖아요?

조      그게 우리 몸속에 있는 칼륨40에서 나오는 방사선인데, 사실 정확하게 말하면 그 방사선에서 감마선은 11% 정도 됩니다. 그러니까 몸속에 있는 칼륨40에서 1초에 감마선 385개 정도가 나온다는 얘기예요. 나머지는 베타선입니다.

박      그럼 70kg인 성인 몸에서 나오는 초당 385개의 감마선하고, 세슘 음식을 먹어 몸속에서 나오는 세슘137의 감마선하고 똑같은 겁니까 다른 겁니까?

조      원래 몸에서 나오는 감마선은 칼륨40에서 나온다고 했잖아요? 그게 에너지가 더 센 놈이에요. 그건 에너지가 감마선 하나에 1.46MeV짜리이고, 세슘137 감마선은 0.662MeV짜리예요. 에너지가 절반 이하입니다.

박    앞서 감마선 하나의 에너지를 따지면서 야구공과 핸드볼 공에 비유했던 그거네요. 에너지 크기로만 보면, 우리 몸에서 늘 나오는 감마선이 더 크다는 거잖아요. 그럼 몸에서 나오는 그 감마선은 본인한테 영향을 미칩니까?

조    당연히 미치지요. 본인뿐만 아니라 옆에 같이 누워 자는 사람한테도 영향을 미치죠. 옆 사람도 피폭된다니까요.

박    주변 사람으로부터 방사선을 맞는다는 얘기는 다시 들어도 신기하네요. 세슘 말고, 우리가 음식을 먹어서 몸에 칼륨40이 쌓이잖아요? 그 칼륨40에서 받는 방사선량은 어느 정도 됩니까?

조    그걸 따져보니까 1년에 대략 0.3mSv가 됩니다. 모든 음식물에 칼륨40이 들어 있다고 했잖아요.

박    0.3mSv요? 흉부 엑스레이 1번 찍을 때 0.1mSv 정도 아닙니까? 방사능에 웬만큼 오염된 음식을 먹어서는 0.3mSv 나오기 힘들지 않을까 싶은데요. 내부피폭량은 나중에 얘기하고, 1kg당 100Bq인 음식 200g을 1년간 매일 먹으면 0.1mSv라는 계산이 나오잖아요?

조　　그 0.1보다 1년에 3배의 방사선량을 받는 거예요. 세슘이 전혀 없는 음식을 먹어도 칼륨40 때문에 그렇게 된다는 겁니다. 2009년에 한국원자력안전기술원KINS이 한국인 전반을 조사한 데이터입니다.

0.1mSv　흉부 엑스레이 1회
0.1mSv　세슘 100Bq/kg인 음식 200g을 1년간 매일 섭취
0.3mSv　한국인이 1년간 음식물(칼륨40)에서 받는 자연적인 방사선량

박　　2009년 이후 업데이트된 데이터는 없나요?

조　　아직은 발표된 게 없어요. 제 기억으로는 그러잖아도 3~4년 전에 한 번 업데이트해야 할 필요성이 논의됐으니, 조만간 연구 결과가 나올 것 같습니다.

박　　세슘이 들어 있는 생선을 제가 먹는다면, 그 세슘에서 감마선이 나오고, 그 감마선이 제 세포에 에너지를 줘 뭔가 변화가 있을 수 있다는 거잖아요. 그런 경로 말고 세슘이 제 몸에 들어왔다는 이유만으로 어디가 아프다든가, 몸에 나타나는 변화가 혹시 있습니까?

조　　없어요. 세슘이라는 게 사실 어디나 존재해요. 근데 그 세슘은 137이 아니고 133이죠. 이건 자연 상태의 세슘입니다. 방사성 물

질이 아니에요. 자연 세슘은 우리 몸 안에도 항상 들어 있기 때문에 화학적으로 무슨 나쁜 짓을 하지는 않아요.

박      우리 몸에도 세슘이 들어 있다고요?

조      다 있어요. 사실 세슘의 형제자매들이 15가지 되는데, 그중 하나가 세슘137이에요. 이건 에너지가 과잉 상태, 자연 상태에 존재하는 세슘133보다 4가 높잖아요? 중성자를 4개 더 갖고 있다는 얘기예요. 핵 속에 이 중성자를 4개 더 구겨 넣다 보니 에너지 과잉이 된 거예요. 그래서 붕괴하면서 감마선이 나오는 거죠.

## 내부피폭, 그럼 방사선을 대체 얼마나 받게 될까?

박      생물학적 반감기 얘기는 충분히 했으니, 이제 세슘이 든 음식을 먹으면 내가 방사선을 대체 얼마나 받을까, 내부피폭량 계산법을 확인해볼게요. 굉장히 복잡한 계산일 텐데 간단히 하겠습니다. 일단 이걸 계산하려면 여러 가지 가정을 해야 하는데, 우선 먹은 음식물의 총량(kg)을 알아야죠? 그리고 방사능에 오염된 정도(Bq/kg)를 알아야 되고요. 이건 각국 정부가 식품을 검사해서 내놓는 수치죠. 마지막으로 그 오염된 방사성 물질이 무엇이냐에 따라 '선량환산계수'라는 게 다르다는 거잖아요. 이거 세 가지를 곱하면 되죠?

① 생선 200g을 1년간 매일 섭취
② 생선이 100Bq/kg로 오염(시중에 유통 가능한 최고 수치로 보수적으로 계산)
③ 생선이 세슘137에 오염되어 있다고 가정해 세슘137의 선량환산
　계수 적용

$$\underline{0.2kg/1일 \times 365일} \times \underline{100Bq/kg} \times \underline{1.3E{-}05mSv/Bq} = 약\,0.1mSv$$

| ① | ② | ③ 선량환산계수 | 몸이 받는 에너지양 |

※ ③의 1.3E−05는 특수한 숫자 표기법으로 $1.3 \times 10^{-5} = 0.0000130$이다.

　　머리 아프게 직접 계산할 필요는 없고, 저런 숫자를 곱하면 방사선에서 받는 에너지양을 알 수 있구나 하는 정도로만 이해하면 될 것 같습니다. 위에서 계산한 방식이 모든 음식에 적용되는 거죠?

조　그렇죠, 음식의 종류를 가리는 건 아니에요.

박　최종 결과가 0.1mSv로 나왔는데, 이건 흉부 엑스레이 한 번 찍을 때 받는 방사선량과 비슷하죠. 계산식에서 보면, 먹은 음식물 총량(kg)과 방사능 오염 정도(Bq/kg)까지는 이해가 되는데, '선량환산계수'는 대체 뭔가요?

조　　　예를 들어 세슘에 오염된 생선을 먹었는데 100Bq/kg 정도로 오염된 생선이었다고 가정합시다. 이 생선을 먹었을 때 몸 안에 들어온 세슘이 위, 장을 거치고 혈액을 통해 전신에 퍼지게 되거든요. 각 장기를 따라 몇 퍼센트 옮겨가는지 다 조사돼 있다고 했죠? 그래서 처음 먹은 세슘이 몸 안에 얼마나 오랫동안 남아 있고, 그 남아 있는 총 기간 몸에 에너지를 얼마만큼 주는지 컴퓨터 코드로 계산해놓은 겁니다. 그래서 먹은 방사성 물질이 뭔지 알면 내 몸이 받은 에너지를 계산할 때 그냥 곱해주기만 하면 되는 거죠. 곱해주는 그 숫자가 바로 '선량환산계수'라는 거예요.

박　　　근데 사람마다 똑같은 양의 세슘을 먹었어도 받는 영향이 다를 거 아닙니까. 어떤 사람은 방사선에 되게 민감하고, 어떤 사람은 둔감할 수도 있잖아요?

조　　　그래서 6개의 나이 그룹으로 나눠 선량환산계수를 각각 계산해놨어요. 또 입으로 들어왔을 때랑 코로 들어왔을 때랑 다르거든요. 그것도 구분한 뒤 전부 컴퓨터로 계산해서 우리 몸에 들어온 세슘이 몸에 전달하는 에너지 총량을 쉽게 알 수 있도록 표로 만든 겁니다.

박　　　선량환산계수를 나이에 따라 6개 그룹으로 나눴다고 했잖아요? 그럼 앞에서 0.1mSv로 계산한 건 어떤 연령대를 적용해서 나온

**〈연령대에 따른 세슘137의 선량환산계수〉**

(단위: mSv/Bq)

| 핵 종 | 1세 미만 | 1세 | 5세 | 10세 | 15세 | 성인 |
|---|---|---|---|---|---|---|
| 세슘137 | 1.1E-05 | 1.2E-05 | 9.6E-06 | 1.0E-05 | 1.3E-05 | 1.3E-05 |

출처: ICRP Publication 119, 2012
※ 여기서 E-05는 $10^{-5}$을 곱하는 것을 의미하며 1.1E-05는 $1.1 \times 10^{-5} = 0.0000110$다.


결과인가요?

조　　가장 민감한 연령 그룹을 적용한 거예요.


박　　혹시 어린이 아니에요? 방사선 위험을 경고하는 분 중에 어린이가 훨씬 민감하다고 하는 분이 많잖아요?

조　　반드시 그렇지는 않아요. 물론 대개의 경우 어린이가 더 민감한 건 사실이죠. 근데 세슘137의 경우에는 성인이 더 민감해요. 성인이 가장 민감해요. 이것도 굉장히 중요한 사실이에요. 무조건 모든 핵종에서 어린이가 민감한 건 아니죠. 왜냐하면 핵종별로 몸 안에서 움직이는 패턴이 다르니까요.


박　　어떤 나이가 세슘 감마선에 제일 민감한가요?

조　　연령 그룹을 1세 미만, 1세, 5세, 10세, 15세, 성인으로 분

대개의 경우 어린이가 더 민감한 건 사실이죠. 근데 세슘137의 경우에는 성인이 가장 민감해요. 핵종별로 몸 안에서 움직이는 패턴이 다르니까요.

방사능 음식 먹으면, 몇 만 배 피폭되나?　　　　　　257

류했어요. 세슘의 경우에는 15세와 성인이 가장 민감하지요.

박    그 환산계수를 곱해서 나온 값 0.1mSv요, 우리가 세슘을 먹으면 몸에서 계속 줄어들지 않습니까? 세슘의 양이 오늘 다르고 내일 다른데, 이걸 일일이 계산해야 하는 겁니까?

조    그 환산계수를 곱해서 계산하면 끝이에요. 세슘이 우리 몸에 처음 들어왔을 때부터 '70년간' 받는 방사선량을 전부 더한 겁니다.

박    70년요? 그게 무슨 얘기인가요? 만약 제가 2020년에 먹었다면, 세슘은 2020년에도, 2021년에도, 2022년에도 조금씩 줄어들면서 제 몸에 계속 방사선을 쏘잖아요. 근데 미래에 받을 방사선량까지 모두 더한 값을 계산한다는 얘기인가요?

조    정확합니다. 세슘137을 2020년에 먹었으면 사실 3년 정도면 대부분 몸에서 빠져나가거든요. 근데 그 3년간 받는 총에너지를 처음 한 해에 다 받은 걸로 치는 겁니다. 근데 왜 '70년'이라고 하냐면, 플루토늄처럼 '생물학적 반감기'가 수십 년 되는 핵종이 있잖아요. 이런 것들은 아주 오랫동안 몸 안에 남으니까 사람의 평균 수명과 생물학적 반감기가 다른 점을 감안해서 70년으로 계산하는 거예요.

박    아까 생선 방사선량 계산한 게 1년간 0.1mSv였잖아요. 그럼

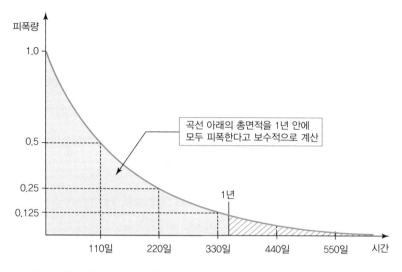

$y$축의 숫자는, 처음 몸 안에 들어온 방사선량을 1.0이라고 했을 때 110일 지나면 0.5가 되고 220일 지나면 0.25가 된다는 의미다.

▶ **세슘 섭취 시 피폭량 계산 방식**

생선을 먹은 그해 다 받는 게 아니겠네요?

조　　맞아요. 세슘137이 든 생선을 2020년 1월에 먹었으면, 사실은 2020, 2021, 2022년 이렇게 3년에 걸쳐 조금씩 나눠 감마선을 통해 몸이 에너지를 받는 거죠. 실제로는 3년 동안 총 0.1mSv를 받는 겁니다. 그렇지만 그걸 피폭이 일어난 2020년 한 해에 0.1mSv를 전부 받은 것으로 간주하는 거예요. 실제로 2020년에 0.1mSv를 받는 게 아니지만요.

박　계산을 보수적으로 하는 거네요. 그런 식의 계산이 '선량환산계수' 자체에 반영돼 있는 겁니까? 그러니까 계수를 단순히 곱하기만 하면, 자동으로 향후 70년간 받는 에너지가 나오는 건지 궁금한데요?

조　그렇죠, 맞습니다. 선량환산계수를 구할 때 이 개념을 이미 반영해 놨습니다. 그냥 선량환산계수를 곱하기만 하면 끝이에요.

박　올해 세슘을 먹었다면 그 에너지를 올해 다 받은 걸로 쳐서 계산했잖아요. 이제 이 숫자를 어디다 써먹습니까?

조　일반인에 대한 선량한도를 1년에 1mSv라고 ICRP가 해놨잖아요. 바로 그 연간 1이랑 이 숫자를 비교하는 거지요.

박　그렇군요. 선량환산계수는 ICRP가 만든 거잖아요. 세슘이 우리 몸에 얼마나 영향을 미치는지 계산해야 하니까요. 근데 이 계수를 만들 때, 우리 몸의 기관에서 기관으로 세슘이 전달되는 퍼센트, 그 데이터가 바탕이 됐을 거 아니에요? 그건 미국의 아르곤 국립연구소가 1940~1950년대 만든 자료라고 하셨고요. 너무 오래된 데이터를 근거로 선량환산계수를 만든 거 아니냐는 지적이 나올 것 같은데요?

조　그 미국 데이터가 기본적으로 바탕이 된 건 맞아요. 하지만 그것만 가지고 계산한 건 아닙니다. 그 후로 어떤 방사성 물질이 몸 안에 들어왔을 때 어떤 신진대사 과정을 거치는지 수많은 과학자가 연구 논문을 지속적으로 발표하고 있어요. 세슘을 먹었을 때 몸속에서 어떤 패턴으로 움직이는지에 대한 연구 논문들을 전부 종합해서 가장 최신 의료 과학 지식을 사용해 선량환산계수를 만들어놓은 겁니다.

박    요즘에는 사람한테 방사성 물질 먹이고 실험하지 못하잖아요. 진짜 그런 논문이 나와요?

조    나옵니다.

박    대체 연구를 어떻게 하는 겁니까?

조    세슘133을 먹이는 거지요. 이건 방사성 물질이 아니라고 했잖아요? 안정적인 세슘이라서 방사선이 안 나와요. 하지만 화학적인 성질, 몸속에서 거동하는 패턴은 세슘137이랑 같아요.

박    그럼 세슘137의 생물학적 반감기가 110일이라는 것도 지속적으로 확인됐겠네요? 저는 1940~1950년대면 너무 오래된 데이터라서 과연 정확할까 의구심이 좀 들었거든요.

조    110일이라는 건 당연히 계속 입증되어왔죠. 우리가 실험할 때는 방사성 동위원소를 사용하지 않고, 이런 안정적인 동위원소를 이용해요. 그런 연구 결과까지 다 반영해서 선량환산계수를 지속적으로 업데이트해왔어요. 또 컴퓨터 코드로 계산한다고 했잖아요? 그 계산 모델도 사실에 가깝게 지속적으로 업데이트해왔습니다. 가장 최근에 나온 게 2012년도 ICRP 119번 보고서예요.

박　　혹시 ICRP의 피폭량 계산법이 틀렸다고 주장하는 전문가가 소수라도 있나요?

조　　이 계산법이 다 틀렸다고 주장하는 사람은 없어요. 그렇지만 삼중수소의 내부피폭 계산법이 틀렸다고 이야기하는 사람은 있지요. 영국의 크리스 버스비라는 교수는 삼중수소 계산을 너무 과소평가한다고 주장해요.

박　　세슘 감마선에 대해서는 이론이 없고요?

조　　없습니다.

박　　ICRP 말고 내부피폭량을 계산하고 연구하는 기관이 있나요?

조　　없어요.

박　　그럼 ICRP의 내부피폭량 계산법은 누가 검증하나요?

조　　ICRP에서 위원과 분과위원, 그리고 직무그룹에서 활동하고 있는 전 세계 약 300명의 과학자를 중심으로 계속 검증하죠. 그 분야 연구를 계속하는 사람들끼리 서로 검증하는 거예요.

박    ICRP 소속이 아니더라도 검증을 한다는 거죠?

조    네, 그래서 ICRP가 소속 위원을 4년마다 25% 이상씩 계속 바꿔요. 새로운 과학자들을 넣어야 하니까요. 나이 많은 과학자는 내보내기도 합니다. 70세 이상은 물러나고 젊은 과학자들을 계속 영입하는 거예요.


## 고등어, 명태, 대구의
## 실제 세슘 농도는 얼마나 될까?

박    제가 고등어, 명태, 대구, 이 세 가지 생선에서 세슘이 얼마나 나오는지 찾아봤습니다. 후쿠시마현 자료가 온라인에 공개돼 있어서, 2011년 이후 데이터가 누적돼 있습니다. 2019년 12월 기준으로 검색했습니다. 일단 고등어는 2011년 원전 사고 이후 총 730건 조사한 걸로 나와요. 최근 고등어에서는 세슘이 '미검출'로 나오는데요. '미검출'이란 표현이 사실은 세슘이 전혀 나오지 않았다는 뜻에서 0이라는 얘기는 아니고, 보통 측정 하한치가 7~8Bq 정도 되는데 그 이하로 나왔다는 뜻이죠. 예를 들면 표에서 '미검출(<8.6)'이라는 표기는 1kg당 8.6Bq 이하는 측정하지 못했다는 얘기입니다. 가장 높게 나온 건 2011년에 세슘134랑 137 합쳐 41Bq 나온 게 있습니다. 이건 어떤

<고등어의 세슘 검출량>  (단위: Bq/kg)

| 품목 | 생산 지자체 | 세슘134 | 세슘137 | 샘플 채취일 | 비고(저자가 표기) |
|------|------------|---------|---------|-------------|-------------------|
| 망치고등어 | 신치마치 | 미검출(<8.6) | 6.42 | 2013. 11. 12 | |
| 망치고등어 | 이와키시 | 16 | 25 | 2011. 10. 05 | 최고 수치 41 |

출처: 후쿠시마현

<명태의 세슘 검출량>  (단위: Bq/kg)

| 품목 | 생산 지자체 | 세슘134 | 세슘137 | 샘플 채취일 | 비고(저자가 표기) |
|------|------------|---------|---------|-------------|-------------------|
| 명태 | 나미에마치 | 미검출(<7.9) | 8.08 | 2013. 06. 11 | |
| 명태 | 후타바마치 | 46.2 | 65.1 | 2012. 04. 25 | 식품 기준치 (100Bq/kg) 초과 |

출처: 후쿠시마현

방법으로 측정한 건가요?

조   게르마늄 반도체 측정기로 검사한 결과입니다.

박   명태는 원전 사고 이후 409건인데요, 명태도 2013년 이후로
는 대개 미검출로 표기돼 있어요. 세슘이 많이 검출된 데이터도 가져
왔는데, 2012년 후타바마치에서 세슘134랑 137 합쳐 100Bq 넘은
게 있습니다. 대구를 측정한 데이터가 제일 많던데, 1,681건이에요.
대구는 2016년 이후부터 보통 측정 하한치가 10Bq 정도로 나오더라
고요. 10Bq/kg을 넘는 건 아닌데 그 이하에서 정확히 몇인지는 모른
다는 거죠.

조   대구는 최고치가 어느 정도였어요?

박    최고치가 2011년이었는데요, 세슘134랑 137 합쳐 1kg당 300Bq 나왔습니다. 고등어, 명태, 대구 데이터를 보면, 전부 후쿠시마 사고 직후인 2011년과 2012년 즈음에는 높았어요. 다른 생선에서도 1kg당 100Bq 넘는 게 꽤 있었거든요. 근데 지금은 사람 몸에서 나오는 방사선(1kg당 55Bq, 70kg 성인이면 70×55 = 3,850Bq)보다 덜 나오고 있어요. 70kg 성인이 3,850Bq이면 몸에서 초당 방사선이 3,850개 나온다는 건데, 이게 다 감마선은 아니라고 했었죠?

〈대구의 세슘 검출량〉 (단위: Bq/kg)

| 품목 | 생산 지자체 | 세슘134 | 세슘137 | 샘플 채취일 | 비고(저자가 표기) |
|------|------------|---------|---------|------------|------------------|
| 대구 | 신치마치 | 미검출(<10) | 8.73 | 2016. 02. 17 | |
| 대구 | 이와키시 | 130 | 170 | 2011. 11. 27 | 식품 기준치 (100Bq/kg) 초과 |

출처: 후쿠시마현

조    10%만 감마선이죠. 사람 몸이 1kg당 55Bq이니까, 여기서 10%면 초당 감마선이 5.5개 정도 나온다는 뜻이잖아요? 근데 과거에 고등어, 명태, 대구에서 수백 Bq 나오기도 했지만, 그때는 사람 몸보다 생선에서 나오는 감마선이 훨씬 많았겠지요. 근데 지금은 사람 몸에서 나오는 감마선이 더 많을 수 있는 거죠. 시간이 지날수록 생선에서는 감마선이 점점 줄어들어 지금은 별로 안 나오지만, 사람 몸에서는 계속 나오는 겁니다.

박    세슘 데이터를 근거로 일본 수산물 먹지 말라는 얘기를 하려면 고등어, 명태, 대구는 부적합한 것 같아요. 후쿠시마현 데이터에 세슘이 계속 나오는 수산물이 있어요. 높게 나오는 대표적인 게 산천어예요. 은어, 황어에서도 아직 꽤 나오고요. 제가 왜 이런 물고기에서 세슘이 아직도 나오는지 취재해보니 바다와 강을 왕래하는 어종이라서 그렇다고 어류학자가 설명하더라고요.

조    강바닥에 있는 진흙을 파먹을 수도 있겠지요. 그 흙에 세슘이 달라붙어 있고요. 사실 물고기마다 '농축계수concentration factor'라는 게 있는데, 그게 다 달라요. 물속의 세슘 농도가 똑같아도 어종이 다르면 몸 안에 있는 세슘의 농도가 달라요. 세슘을 많이 농축하는 어종이 있고 그렇지 않은 어종이 있죠.

박    산천어도 그렇지만 땅에서 키우는 것들을 더 조심해야 하는 거 아니에요? 세슘이 다 흙에 달라붙어 있잖아요.

조    사실 일본 사람들이 멧돼지 고기를 많이 먹어요. 후쿠시마현 지역 농부들, 산촌 사람들이 야생 멧돼지 고기를 좋아한대요. 멧돼지에서 세슘이 많이 나와요. 후쿠시마현에서 야생 멧돼지를 먹지 말라고 강력하게 경고한 적도 있

버섯이나 멧돼지는 일본뿐만 아니라 체르노빌 근처 독일, 프랑스, 노르웨이에서 지금도 세슘이 높게 나와요. 버섯이 '농축계수'가 높은 대표적인 생물 가운데 하나예요.

266

어요. 땅 얘기해서 말인데, 버섯에서도 세슘이 아주 높게 나와요. 버섯이나 멧돼지는 일본뿐만 아니라 체르노빌 근처 독일, 프랑스, 노르웨이에서 지금도 높게 나와요. 버섯이 '농축계수'가 높은 대표적인 생물 가운데 하나예요.

박　　우리나라 식약처에서 검사한 걸 보니까 2019년 국산 버섯에서도 1kg당 19Bq짜리가 있더라고요. 세슘134는 아니고 137이던데, 어디서 온 세슘일까요?

조　　세슘137만 나왔으면 틀림없이 1940~1950년대 핵실험 때 날아간 세슘이 우리나라 토양을 오염시켜서 그런 겁니다.

박　　후쿠시마 원전에서 온 세슘137일 가능성은 없나요?

조　　국내 버섯에서 나오는 세슘137이 후쿠시마에서 온 거라면 세슘134가 같이 나와야 돼요. 세슘134는 반감기가 2년인데, 지금 사고 난 지 9년이 지났으니까 반감기가 4번 조금 더 지난 거잖아요? 그럼 처음 세슘134 양의 16분의 1(16은 2의 4승)로 줄어들었을 텐데, 세슘137이 버섯에서 19Bq 나왔으면 세슘134도 1Bq 정도 나와야 돼요. 그래야만 세슘137을 후쿠시마에서 온 거라고 추정할 수 있어요.

박　　세슘134가 안 나오더라도 세슘137이 후쿠시마 원전에서 왔을 가능성은 있는 거 아닐까요? 만약 20년 정도 지나면 세슘134는 반감기(2년)가 10번 지난 거니까 거의 없어졌을 거고, 그때도 세슘137은 남아 있을 테니까요. 그 세슘137은 후쿠시마에서 온 게 맞지만, 그때는 세슘134가 안 나올 거 아니에요. 그러니까 세슘134의 존재가 꼭 후쿠시마에서 온 것인지 판단할 수 있는 절대적인 기준은 아닐 것 같은데요?

조  그렇긴 한데, 세슘137만 나오고 134는 안 나왔다면 그래도 후쿠시마 것이 아닐 가능성이 높은 거죠. 세슘137의 농도를 보고, 후쿠시마 사고 이전의 버섯 데이터랑 비교했을 때 2011년 이전보다 상당히 높아졌다면 세슘137이 후쿠시마의 영향으로 더해졌다고 볼 수 있겠죠. 2011년 이전의 세슘 농도는 과거 핵실험에 의한 세슘 농도니까요.

박  알겠습니다. 세슘134랑 137이 같이 나오는 경우를 얘기해주셔서 제가 찾아본 데이터가 있어요. 2019년 9월부터 12월까지 석 달간 자료를 검색해보니, 후쿠시마에서 세슘134랑 137이 같이 나온 게 있었어요. 그게 버섯이에요. 세슘134가 4.78Bq, 137이 50.7Bq, 세슘134는 반감기가 4번 지났는데, 아직도 5Bq 정도 나오더라고요.

세슘134가 나왔으면 100% 후쿠시마 원전에서 나온 세슘입니다. 일부 식재료에서 계속 세슘이 나오고 있으니까 원전 사고를 수습하는 건 아직도 현재진행형이라고 봐야죠.

조　　　원전 사고 직후 세슘134랑 세슘137이 1대 1 정도로 나왔어요. 근데 8년 넘게 지나 세슘134는 반감기가 4번 지났으니까 처음의 16분의 1로 양이 줄었을 거 아니에요? 137은 아직도 많이 남아 있고요.

박　　　저 세슘134는 무조건 후쿠시마 거죠?

조　　　그렇죠. 세슘134가 나왔으면 100% 후쿠시마 원전에서 나온 세슘입니다. 일부 식재료에서 계속 세슘이 나오고 있으니까 원전 사고를 수습하는 건 아직도 현재진행형이라고 봐야죠.

## 내부피폭, 내 2세에게 문제가 생기는 거 아닐까?

박　　　독자들은 아직도 의문을 가질 것 같아요. 내부피폭이라는 건 알겠는데, 세슘이 든 생선을 손에 들고 있다 던지면 외부피폭은 바로 끝인데 내부피폭은 먹는 거니까 어쨌든 3년이라고 해도 긴 시간 아니냐고 생각할 것 같거든요? 전문가들은 감마선이 몸 밖에서 오든 사람이 먹은 음식에서 오든, 세포가 그걸 모르기 때문에 세포 입장에서는 내부피폭이나 외부피폭이 똑같다고 하죠. 에너지의 총량만 중요할 뿐이라고 하지만 일반인들하고 온도 차가 큰 것 같아요.

조      맞습니다.

박      제가 이 문제를 취재할 때도 내부피폭이 당연히 더 위험하다
고 하는 전문가가 한 분 있어서, 근거가 되는 연구 논문이나 보고서가
있으면 달라고 굉장히 여러 차례 부탁드렸거든요. 그래서 1960년대
글 하나를 받았어요. 내부피폭은 '피폭 시간'이 늘어나니까 주의해야
한다는 취지의 글이었습니다. 그런데 이건 일반인도 할 수 있는 말이
잖아요. 세슘137은 '먹으면 3년'이라고 하는데 어쨌든 외부피폭보다
는 시간이 길어지는 것 아니냐, 이거죠. 맞는 말 아닌가요?

조      그건 그렇습니다. 생물학적 반감기가 110일이니까, 피폭하는
총 시간이 길어지는 것은 맞죠.

박      일반인들이 갖는 또 한 가지 공포심은 세슘이 몸속에 들어오
면 사람의 생식세포에 영향을 미칠 수 있는 거 아니냐는 거예요. 세슘
을 먹으면 피폭 시간이 길어지니까 걱정할 수 있잖아요?

조      방사선이 사람한테 미치는 영향을 연구한 걸 보면, 일시적인
불임이 올 수도 있고, 에너지를 세게 받으면 영구적인 불임이 올 수도
있습니다. 근데 그건 $mSv$ 수준이 아니라 $Sv$ 수준의 강한 방사선을 받
아야 돼요. 남성의 경우 고환에만 단기간에 $0.15Sv$ 정도 받으면 일시
적 불임이 올 수 있어요. $mSv$로 얘기하면 1회 단기간에 $150mSv$, 또

장기간일 때는 수년 동안 1년에 400mSv를 고환에 받으면 일시적 불임이 온다는 얘기입니다. 근데 아까 100Bq/kg 생선을 1년 먹었을 때 0.1mSv라고 했으니까, 그 정도 양을 먹어서 생식세포에 영향을 주기는 사실상 어렵습니다.

| | 피폭 장기 | 소요 기간 | 급성피폭(Gy) | 만성피폭(Gy/y) |
|---|---|---|---|---|
| 남성 일시적 불임 | 고환 | 3~9주 | 약 0.15 | 0.4 |
| 남성 영구적 불임 | 고환 | 3주 | 3.5~6.0 | 2.0 |
| 여성 영구적 불임 | 난소 | 1주 이내 | 2.5~6.0 | 0.2 이상 |

출처: ICRP Publication 103, 2007

박    단위가 Gy그레이로 나와서 헷갈리는데요?

조    감마선과 X선의 경우에는 Gy를 Sv로 이해해도 됩니다. 0.15Gy는 0.15Sv로 볼 수 있고 150mSv가 되죠. 그리고 소요 기간이 3~9주라는 뜻은 한 번에 150mSv 이상 받았을 때, 방사선을 받은 지 3~9주 뒤 일시적 불임이 온다는 의미입니다.

박    '일시적 불임'은 다시 회복할 수 있다는 얘기네요. 남성이 '영구적 불임'이 되려면 고환에 최소한 3.5Sv를 피폭해야 한다고 돼 있네요. 3.5Sv는 0.1mSv의 3만 5,000배죠(3.5Sv = 3,500mSv). 앞서 본 내부 피폭량 계산을 간단히 응용하면, 세슘이 1kg당 100Bq인 생선을 200g

의 3만 5,000배로 매일 먹어야 3.5Sv를 받게 되겠네요, 그렇죠?

조       맞아요. 산술적으로 계산하면 그런 생선을 하루 7,000kg씩 먹어야 됩니다. 말이 안 되죠. 게다가 1년간 매일 7,000kg을 먹는다는 얘기고, 영구 불임이 되려면 고환에 한 번에 3.5Sv 이상을 받아야 한다는 거니까, 현실적으로 세슘에 오염된 음식을 먹어서 '영구적 불임'이 된다는 건 불가능합니다.

**상황별 피폭선량 비교**

| | |
|---|---|
| 0.1mSv | 세슘 100Bq/kg인 음식 200g을 1년간 매일 섭취 |
| 150mSv | 남성의 일시적 불임을 유발(급성피폭) |
| 300mSv 이상 | 임신 8~15주 동안 태아의 지능지수 저하를 야기 |
| 3,500mSv 이상 | 남성의 영구적 불임을 유발(급성피폭) |

박       남자와 여자가 또 다른 것 같네요?

조       남자가 더 민감하죠. 남자한테 영향이 먼저 와요. 일시적인 불임이 먼저 옵니다.

박       세슘이 든 음식을 먹었을 때 일시적 불임도 가능성이 거의 없다고는 하지만, 내 2세한테 나중에 혹시 영향을 미칠 수 있는 것 아닐까, 걱정할 수 있거든요? 불임 말고 내부피폭이 생식세포에 영향을 미친다는 연구 결과는 더 없습니까?

조     유전적인 영향을 연구한 것 중 IQ가 떨어지는 것도 나타났어요. 지능지수가 낮아질 수 있다는 겁니다. 히로시마와 나가사키 원폭 이후 역학조사 결과로 확인한 겁니다. 임신 8~15주 기간에 태아가 최소 300mSv 이상 받았을 때, 1,000mSv당 약 25 정도가 떨어진다는 겁니다(ICRP Publication 103, 2007).

박     팩트체크 한 가지 더요. 제 기사를 읽은 분이 저한테 메일을 보내주신 건데요, 우주 방사선은 어쨌든 몸을 통과하는 건데 후쿠시마에 가면 방사성 물질인 미립자가 우리 몸에 들어올 수 있으니까 더 위험하다고 생각한다는 내용이었어요. 어떻게 봐야 하나요?

조     미립자가 호흡을 통해 몸에 들어올 수도 있죠. 방사성 물질이 아주 작은 입자 형태로 공기 중에 돌아다니다, 코를 통해 들어올 가능성은 있죠. 물론 얼마나 많이 들어왔느냐가 중요하지만요.

박     아까 미국 아르곤 국립연구소가 생물학적 반감기를 연구할 때 나온 자료 봤잖아요. 방사성 물질이 몸에 들어왔을 때 어떤 경로로 움직이는지에 대한 거요. 섭취하는 것 말고 호흡으로 인한 것도 있지 않았나요?

조     호흡으로 인한 것도 당연히 있지요. 호흡해서 방사성 물질이 코로 들어오면 혈액으로 가기도 하고, 일부는 먹을 때와 마찬가지로 위로 가기도 합니다. 코랑 입이랑 연결돼 있어서요.

박      미립자가 코로 들어온다고 해도 몸속의 물에 녹아서 이동한 다는 거죠?

조      그렇습니다. 미립자가 몸에 들어와도 궁극적으로는 몸속에서 세슘137의 이동 경로가 같습니다. 혈액 속에 녹아 들어가서 온몸으로 퍼집니다. 호흡으로 들어올 때와 먹을 때랑 마찬가지예요.

박      그렇게 몸에 퍼진 세슘에서 감마선이 나오고, 그 감마선이 우리 몸을 통과하잖아요. 우주에서 오는 감마선이 우리 몸을 통과하는 거랑 본질적으로 똑같은 현상인가요?

조      그렇습니다. 몸 밖에 있는 감마선도 몸을 뚫고 나가지만, 몸 안에서 나오는 감마선도 몸을 뚫고 나오는 겁니다.


## '내부피폭'이 몇 만 배 더 위험하다?
## 일반화의 오류

박      방사능 음식을 먹으면 "내부피폭으로 몇 만 배 피폭된다"는 주장에 대한 팩트체크를 긴 시간 해봤는데, 특정한 경우이긴 하지만 제가 손에 오염된 생선을 딱 1초간 들고 있다가 멀리 던져버린 것은 외부피폭이 될 거고 제가 세슘이 든 생선을 먹었을 때 그게 '1만 초 이상' 영향을 미치면 내부피폭이 주는 에너지의 크기가 1만 배 이상 되는 건 맞지 않아요?

조      그렇게 될 수는 있지요.


박      그렇게 될 수는 있는데, 특수한 케이스가 되는 거고요. '내부피폭이 외부피폭보다 몇 만 배 더 위험하다'고 일반적으로 말할 수는 없을 것 같은데요?

조      그렇죠. 일반화하기는 어려워요. 내부피폭이냐 외부피폭이냐는 피폭 경로에 대한 얘기일 뿐이지, 결국 중요한 건 우리 몸에 얼마나 많은 에너지를 주었느냐, 전달한 에너지의 총량이 얼마나 되느냐 하는 겁니다. 내부피폭으로 총에너지를 많이 줬으면 내부피폭이 위험한 거고, 외부피폭으로 총량을 많이 줬으면 외부피폭이 더 위험한 거죠.


박      그럼 일본에 간 사람이 음식 "먹어도 돼? 말아야 돼?" 물어보면 뭐라고 대답해야 할까요?

조      저는 그렇게 얘기해요.

> 내부피폭으로 총에너지를 많이 줬으면 내부피폭이 위험한 거고, 외부피폭으로 총량을 많이 줬으면 외부피폭이 더 위험한 거죠.

첫째, 당신이 일본에 출장 가서, 1주일간 먹을 음식의 양이 많지 않다. 둘째, 일본은 현재 식품을 100Bq/kg으로 통제하고 있기 때문에, 설령 오염되어 있더라도 100Bq/kg보다 낮을 것이다. 셋째, 실제로 먹는 음식의 양이 많지 않고 오염되어 있더라도 그 정도가 낮을 것이기 때문에, 몸 안으로 들어오는 방사능이 해로운 영향을 걱정할 정도로 많지 않을 것이다. 그래서 결론적으로 먹어도 상관없다고 얘기하죠.

박　　질문한 사람이 "많이 먹는다는 기준이 뭐야?" 이럴 거 아니에요.

조　　그렇게 생각할 수도 있겠지만 아무리 많이 먹어도, 사람이 하루에 먹을 수 있는 양이 정해져 있잖아요. 보통 사람은 하루에 4kg을 먹는다고 해요. 대식가가 아닌 한 그렇대요. 아무리 많이 먹어봐야 실제 방사선량으로 따져보면, 앞에서 100Bq/kg로 오염된 음식 200g을 1년간 매일 먹었을 때 0.1mSv라고 했지요? 1주일 동안 먹는 건 0.01mSv도 안 될 겁니다. 무시해도 돼요.

박　　가만히 들어보니 '많이 먹지 않으면 괜찮다'가 아니라 '많이 먹어도 괜찮다'는 얘기인 것 같은데요?

조　　오염 농도가 낮으니까 그렇지요. 제 말은 기본적으로 100Bq/kg은 굉장히 낮은 농도라는 겁니다. 세계보건기구WHO가 정한 음식의 세슘 기준치도 1,000Bq/kg이에요. 100이 아니라 1,000입니다. 우리나라랑 일본 정부가 370Bq/kg으로 관리하던 것을 후쿠시마 사고 뒤에 100Bq/kg으로 더 낮춘 거예요. 세계보건기구 기준의 10분의 1 농도로 관리하고 있기 때문에 지금은 100Bq/kg 넘는 음식이 시중에 유통되는 건 없다고 보는 겁니다. 출장 간 사람이 아무리 많이 먹어도 섭취하는 총 Bq이 많지 않습니다, 이렇게 설명하죠.

| 코덱스CODEX | 한국·일본 정부 |
|---|---|
| 1,000Bq/kg | 100Bq/kg |

박    사실 출장 가는 사람 입장에서는 먹을 게 많으니까요. 굳이 세슘이 많다는 버섯은 안 먹어도 되고요.

조    그렇죠. 하나 덧붙이면 기호에 따라 좋아하는 음식을 그냥 먹으면 되는 거지, 굳이 피할 필요는 없어요.

박    그래도 이 책을 여기까지 읽은 분은 이런 질문을 할 것 같아요. "단기간에 100mSv 이하에서는 피폭량과 암 사망률의 관계에 대해 과학적으로 모르지 않느냐, 나는 1Bq도 먹기 싫어, 일본 쌀로 만든 주먹밥에도 1Bq 있을 수 있잖아?"

조    그러면 할 말 없죠. 그건 그 사람의 판단이니까. 개인의 선택입니다. 다만 제가 강조하는 것은 지나친 걱정이라는 겁니다. 사람이 살다 보면 다양한 리스크를 만나는데, 방사능 리스크에만 너무 집중해서 회피하려고 하는 겁니다.


## 내부피폭, 세슘보다 무서운 건 '라돈'

**박**     음식에서 이제 라돈 얘기로 넘어갈게요. 내부피폭에서 라돈 얘기를 안 할 수가 없네요. 알파선은 피부를 뚫지 못하기 때문에 먹지만 않으면 된다고 했죠?

**조**     알파선을 내는 핵종은 코나 입을 통해 몸 안으로 들어오지만 않으면 됩니다.


**박**     근데 라돈은 기체잖아요? 호흡으로 들어올 수 있으니까 당연히 안 좋겠네요?

**조**     그렇죠. 알파선 때문에 폐암이 생길 수 있습니다. 왜냐하면 코로 방사성 물질이 들어오면 폐에 달라붙으니까요.


**박**     라돈이 그래서 다른 암이 아니고 폐암을 일으키는 겁니까?

**조**     라돈이 폐에 붙으면 그 라돈에서 나오는 알파선이 다리까지도 못 와요. 멀리 가지 못하니까 가까운 곳에 있는 세포에 에너지를 다

278

쥐버려요. 폐 세포에만 에너지를 다 주는 거예요. 그래서 폐암에 걸릴 수 있는 겁니다. 알파선은 투과력이 약해 다른 장기까지 에너지를 줄 수 없어요. 폐암은 사실 광부들한테 많습니다. WHO 조사를 보면, 전체 폐암의 14%가 라돈에 의한 것으로 나옵니다.

박　　　그럼 라돈에 국한해서는 '내부피폭이 더 위험하다'고 얘기할 수 있겠네요?

조　　　그렇죠. 라돈에 국한하면 외부피폭은 영향력이 없습니다. 대신 내부피폭이 위험할 수 있죠.

박　　　음식물에 알파선을 내는 방사성 물질이 들어 있을 가능성은 없나요? 그런 거 먹으면 위나 장에 에너지를 다 줘서 위암에 걸리는 거 아닙니까?

조　　　폴로늄210이라는 자연 방사능 물질이 있는데, 그건 음식물 안에 자연적으로 들어 있을 수 있어요. 칼륨40이랑 같이 특히 생선에 많이 들어 있을 수 있습니다. 그 폴로늄210에서 알파선이 나와요.

박　　　그럼 어떻게 해요, 생선 먹으면 안 되나요?

조　　　먹어도 되죠. 폴로늄210이 들어 있긴 한데, 절대적인 양이 아주 적어요.

박    다행이네요. 알파선 내는 핵종에서 폴로늄210 말고 더 신경
쓸 건 없나요? 먹는 것 중에 알파선을 조심해야 하는 게 더 있을까 궁
금해서요.

조    그거 말고는 없습니다.


박    라돈 기체만 조심하면 되겠네요. 라돈도 '단기간에 100mSv'
를 넘어야 라돈 피폭량하고 폐암 사망률이 비례하는 걸로 나오나요?

조    제가 조사해보니까, 라돈은 그 농도가 200Bq/m³ 이상일 때 암
사망과 관련 있다는 연구 결과가 있습니다. 2009년 세계보건기구 보
고서에 나와요. 라돈은 '단기간에 100mSv'와 상관없습니다. 그건 감마
선과 중성자에 피폭한 히로시마, 나가사키 원폭 생존자들을 연구해서
나온 데이터고, 라돈과 폐암은 별도의 조사 데이터가 있는 거예요.


박    라돈은 기체라서 단위가 1m³당 Bq로 나오네요. 원폭 생존자
연구에서는 mSv 단위를 쓰잖아요. 뭐가 다르죠?

조    mSv로 환산할 수 있지요. 1m³당 50Bq 환경에서 1년 살면
2.3mSv예요. 왜 50이냐면, 우리나라의 아파트를 포함해 모든 가옥의
평균 라돈 농도가 50Bq이에요. 그러니까 100Bq이면 4.6mSv고,
200Bq이면 9.2mSv 정도 됩니다.

한국 가옥의 라돈 농도와 폐암에 대한 영향

50Bq/m³     한국 가옥의 평균 라돈 농도 (1년 2.3mSv)

200Bq/m³    폐암으로 인한 사망에 영향을 주는 최소 라돈 농도(1년 9.2mSv,
            한국 가옥 평균의 4배)

※ 세슘 100Bq/kg인 음식 200g을 1년간 매일 섭취(1년 0.1mSv)

박     한국 사람들 라돈 피폭량이 1년에 평균 2.3mSv라고 하니까, 내부피폭을 걱정한다면 음식을 통한 세슘보다 라돈을 더 걱정해야 될 것 같은데요?

조     당연하죠, 라돈에 의한 선량이 훨씬 높습니다.

박     음식에 세슘이 많은 걸 1년 내내 꾸준히 먹어도 0.1mSv인데, 가만히 숨만 쉬어도 라돈 기체 흡입으로 2.3mSv를 피폭하는 거네요?

조     라돈으로 받는 방사선 에너지 총량이 23배 큰 거죠. 그리고 전체 가옥을 조사해봤더니 1,000Bq/m³ 넘는 곳도 있었어요. 방사선을 얼마나 많이 받겠어요? 50Bq일 때 2.3mSv였으니까 1,000Bq이면 50Bq보다 20배 높잖아요? 1년에 내부피폭으로 40mSv 넘게 받는 거예요. 라돈은 냄새도 안 나고 색깔도 없어요.

# 우리 집 라돈 농도, 측정할 수 있을까?

**박** 그럼 라돈이 있다는 건 어떻게 알 수 있나요? 알파선은 투과력이 약해서 측정하기 어렵다고 했잖아요?

**조** 별도의 측정 방법이 있어요. 기술적으로도 어렵고 비용도 비싸지요.

**박** 일반인들은 어떻게 합니까? 우리 집에서 라돈 나오는 거 아닌가 궁금해도 휴대용 측정기로는 안 될 거 아니에요?

**조** 안 되죠. 물론 시중에서 라돈 측정기를 팔긴 합니다.

**박** 수치를 믿을 만한 겁니까?

**조** 그 측정기로도 라돈 측정을 할 수는 있다고 보는데, 대신 그 측정기에는 펌프가 없어요. 라돈은 기체잖아요? 한번 측정하면, 펌프가 있어야 공기를 순환시켜서 새 공기를 측정기로 들여보내 잴 수 있어요. 근데 펌프가 달려 있지 않아 공기를 측정기 밖으로 내보내지 못하기 때문에, 처음에 측정한 공기의 라돈 수치가 계속 남아 있어요.

**박** 실제로 측정해보니 그렇다는 거죠?

**조** 우리가 다 해봤죠. 예를 들어 이 방에는 라돈 농도가 10이고 옆방은 1,000인데, 1,000이 나온 방에서 사용한 측정기를 다시 이 방으로 가져오면 10으로 떨어져야 되잖아요? 근데 잘 안 떨어져요.

박     일회용 측정기도 아니고, 왜 그렇죠?

조     첫 번째 측정은 좋아요. 새 측정기를 가져와서 새 장소에 놨을 때는 좋습니다. 근데 두 번째 측정부터 정확하지 않을 수 있는 거죠. 라돈은 반감기가 3.8일 정도 돼요.

박     그럼 한 번 측정하고 반감기 여러 번 지날 때까지 기다렸다 다시 측정해야겠네요.

조     반감기가 4일 정도니까 반감기 10번이면 40일 정도 묵혀놨다 다시 측정하면 됩니다. 공기를 순환시키는 펌프를 못 다는 이유가 값이 올라가기 때문일 겁니다. 라돈 침대 사건 때문에 측정기가 많이 팔리기도 했는데, 사람들이 사실 불안감에 빠질 수도 있어요. 이 측정기의 특성을 잘 모르거든요. 수치가 한번 높아지면 계속 높은 상태로 있으니까 불안해할 수 있죠. 겨울철에도 창문 열고 자고, 텐트 치고 자는 사람도 있어요.

박     혹시 라돈이 많이 나오는 집의 특성이 있나요?

조     대리석요. 대리석에도 종류가 많기 때문에 "일반적으로 대리석이 문제다"라고 말할 수는 없어요. 우라늄하고 토륨이 많이 들어 있는 돌이 문제가 돼요. 우라늄에서 '라돈'이 나오고, 토륨에서 '토론' 기체가 나오니까 그 기체를 흡입하게 되죠. 어떤 아파트 단지에서는 라돈 나오는 것 때문에 내부 석재 다 바꿔달라, 리모델링해달라 난리예요.

박     모든 석재에서 라돈이 많이 나오는 건 아니죠?

조     그렇죠. 우라늄하고 토륨의 함량이 상대적으로 높은 석재에서만 라돈이 많이 나옵니다. 만약 집 바닥이나 입구, 화장실, 세면대 같은 곳에 돌이 깔려 있으면 일단 의심해볼 수는 있습니다.

박     돌침대는요?

조     돌침대가 무조건 문제라고는 말할 수 없죠. 역시 그 돌의 성분을 봐야 합니다. 우라늄하고 토륨이 많이 들어 있으면 문제가 될 수 있지요.

우라늄하고 토륨의 함량이 상대적으로 높은 석재에서만 라돈이 많이 나옵니다. 만약 집 바닥이나 입구, 화장실, 세면대 같은 곳에 돌이 깔려 있으면 일단 의심해볼 수는 있습니다.

박     돌에서 기체가 나온다니까 좀 이상한데요?

조     흙에서, 땅속에서도 기체가 나올 수 있잖아요. 돌 표면에서 방사능 기체가 스멀스멀 올라오는 거예요.

**박**　개인이 살 수 있는 라돈 측정기 말고요, 대체 우리 집에서 라돈이 나오는지 안 나오는지 일반인이 알 방법은 전혀 없습니까?

**조**　미안하지만 없어요.

**박**　이거 농담 아니고요, 정부가 해줘야 되는 거 아닙니까?

**조**　라돈 침대 사건 이후 정부가 하고 있는 임무 가운데 하나가 바로 그겁니다. 실명으로 휴대전화 번호 적어서 신청하면, 정부와 계약을 맺은 각 지역 업체들을 통해 무료로 측정할 수 있습니다.

**박**　집 안에 석재가 없다면 전혀 걱정할 거 없나요?

**조**　걱정하지 않아도 되는데, 주택의 경우 대지 속에 우라늄하고 토륨이 많다면 라돈 수치가 높을 수 있어요.

**박**　라돈 기체가 지반에서 올라온다는 거죠? 집터가 안 좋다고 할 수 있겠네요?

**조**　우리나라의 화강암 분포를 보면, 우라늄하고 토륨이 상대적으로 높은 지역이 있어요. 저희가 갖고 있는 자료 중 전국의 '라돈 맵'이 있습니다. 전국의 가옥을 대상으로 십몇 년 동안 누적해서 라돈 분

비싼 돌로 번쩍번쩍하게 지어놓은 집이 방사능 관점에서는 꼭 좋은 집이 아닐 수 있어요.

포를 다 그려놨어요.

**박**　저는 본 적 없는데, 혹시 집값 떨어진다고 공개 안 하는 거 아닙니까?

**조**　그런 면도 있을 수 있겠지요. 사실 교육부는 관심이 많아요. 학교 라돈 때문이죠. 시골에 가보면 초등학교 건물이 대개 2층짜리인데, 건물 밑에서 라돈 기체가 올라오는 데 있어요. 교실 바닥 틈으로 올라오는 거죠. 근데 겨울에는 창문을 닫아놓으니까 아침에는 라돈 수치가 엄청 올라가요. 그래서 저희가 일부 지역 학교에는 펌프를 달아놨어요. 학교 1층과 땅바닥 사이 공간에 펌프를 달아 라돈 기체를 다 빼내는 거죠. 벌써 한 10년 됐어요.

**박**　우리나라 공간선량률이 일본보다 높은 게 화강암 지반 때문이라는데, 그 화강암 안에 있는 우라늄과 토륨 때문에 지금 라돈 수치도 높다는 거 아니에요? 화강암이라는 게 방사선의 관점에서는 여러모로 안 좋은 것 같은데요?

**조**　그렇죠. 방사능 관점에서는 안 좋지요. 그래서 사실 돌을 조심해야 돼요. 비싼 돌로 번쩍번쩍하게 지어놓은 집이 방사능 관점에서는 꼭 좋은 집이 아닐 수 있어요.

# '내부피폭'의 경우 갑상샘암
발생 확률이 높아진다?

**박**　　내부피폭은 정말 팩트체크할 게 많습니다. 언론 보도를 하나
볼게요. 갑상샘암에 대한 내용인데요, 한 방송에서 "체내피폭의 경우
갑상샘암이 발생할 가능성이 높아진다"는 인터뷰를 보도했거든요.
맞는 말입니까?

**조**　　엄밀하게 따지면 틀린 말이죠. 인터뷰 앞에 '방사성 요오드로
인한 체내피폭의 경우'라는 단서를 달아야지요. 그런 전제 없이 체내
피폭을 하면 갑상샘암 발생 확률이 높아진다고 얘기하는 게 반드시
맞지는 않죠. "요오드131이라는 방사성 물질로 체내피폭을 했을 때
갑상샘암 확률이 높아질 수 있다"라고 해야 맞습니다.

**박**　　왜 '요오드'라는 조건이 붙어야 하죠?

**조**　　요오드는 몸에 들어왔을 때 갑상샘으로만 가요. 라돈은 몸에
들어오면 폐로 가서 폐에만 에너지를 준다고 했잖아요. 우리가 체내
피폭 얘기할 때 방사성 물질이 위, 소장, 대장, 혈액으로 간다고 했지
요? 근데 요오드는 그렇게 움직
이는 게 아니고 몸 안에 들어오면
오직 갑상샘으로만 가요. 그래서

> 요오드는 몸에 들어왔을 때 갑상샘으
> 로만 가요. 라돈은 몸에 들어오면 폐
> 로 가서 폐에만 에너지를 주고요.

에너지를 갑상샘에만 줘요. 체르노빌 주변의 소아 갑상샘암 연구 결과로 알게 된 거예요. 소아 갑상샘암 환자가 4,000여 명, 이렇게 확 증가했어요. 체르노빌 원전에서 나온 요오드가 근처 풀에 쫙 퍼졌는데, 젖소가 그걸 먹고, 그 목장에서 짠 우유를 아이들이 먹어 갑상샘암이 증가한 거예요. 요오드 때문에요.

박     요오드는 반감기가 짧다고 했잖아요? 그 짧은 시간에 다 퍼진 건가요?

조     요오드 반감기는 8일이에요. 반감기가 10번 정도 지나기 전에는 풀에 남아 있잖아요. 풀에 80일은 붙어 있는 거예요. 체르노빌 사고가 4월 말에 터졌는데, 5월, 6월, 7월, 풀이 한창 자라날 때 소가 그걸 다 뜯어먹었어요. 구소련 정부가 음식물 통제를 안 했거든요. 후쿠시마하고 다른 점 중 하나죠. 결과적으로 아이들 갑상샘에 요오드가 확 몰리면서 4,000여 명의 환자가 생긴 겁니다.

박     후쿠시마 사고 뒤 우리나라에서 '메밀국숫집 사건'(10쪽 참고)이라고 있었잖아요. 그때 환자 몸에 있는 요오드가 원인이었죠.

조     맞아요. 갑상샘암이 생겼을 때 암을 치료하기 위해 주삿바늘로 집어넣는 거예요. 그게 방사성 물질인 요오드131이죠.

박    갑상샘암이 걸렸는데 요오드를 집어넣는다고요?

조    요오드를 주사하는 목적은 갑상샘암 세포를 죽이려는 거예요. 요오드는 갑상샘으로만 가니까요. 그 요오드의 에너지로 멀쩡한 세포를 죽이는 게 아니고, 갑상샘에 있는 암세포를 죽이려고 요오드를 일부러 집어넣는 거예요.


박    "체내피폭의 경우 갑상샘암 발생 가능성이 높아진다"는 보도는 그래서 요오드의 경우에만 해당하는 거네요. 사실 외부피폭이든 내부피폭이든, 갑상샘에 방사선을 많이 받으면 갑상샘암 가능성이 높아지는 건 똑같은 거잖아요?

조    그렇죠.


박    내부피폭이 갑상샘이랑 무슨 특별한 관계가 있는 건 아니죠?

조    맞아요. 요오드를 특정하지 않고 일반적으로 내부피폭을 하면 갑상샘암이 생긴다고 보도하면 잘못이라는 겁니다.


박    요오드 얘기를 하니까 생각나는데요, 과거 방사선 사고 났을 때 미역 먹으면 좋다는 기사를 봤거든요. 미역에 요오드가 많잖아요. 미역 먹으면 좋은 게 사실인가요?

조    미역 안에 요오드 성분이 많아요. 근데 미역 안에 있는 건 방

미역 안에 있는 건 방사성 요오드가 아니고 방사선이 나오지 않는 요오드예요. 미역에 든 안정적인 요오드를 먹으면 전부 갑상샘으로 올라와 방사성 요오드가 들어오는 걸 막아줘요.

사성 요오드가 아니고 방사선이 나오지 않는 요오드예요. 세슘도 137은 감마선이 나오지만, 133은 감마선이 안 나오는 안정적인 세슘이라고 했잖아요. 그거랑 똑같아요. 미역에 든 안정적인 요오드를 먹으면 어디로 가겠어요? 위로 들어오잖아요. 그다음에 요오드는 전부 갑상샘으로 올라와요.

박    그 안정적인 요오드도 갑상샘으로 가요?

조    모든 요오드는 무조건 갑상샘으로 가요. 근데 우리 인체의 갑상샘은 담을 수 있는 요오드의 양이 정해져 있어요. 요오드 용량이 사람마다 정해져 있지요. 미역을 먹어 안정적인 요오드를 몸에 많이 넣어서, 그 용량을 채워버리는 겁니다. 그다음에 방사성 요오드가 들어오면 어떻게 되겠어요? 용량이 넘쳐서 갑상샘으로 더 이상 못 오고 몸 밖으로 배설되는 거죠.

박    그럼 미역을 먹으면 방사성 요오드를 막는 효과가 있는 거네요. 요오드가 아닌 다른 방사성 물질에 대해서는 아무런 효과가 없나요?

조    당연하죠. 아무 효과 없죠. 세슘137에서 나오는 감마선은 못

막죠. 그래서 원자력발전소 사고가 나면 요오드 정제를 나눠줄 때가 있어요. 알약인데, 그게 바로 안정적인 요오드예요.

박      요오드에서 나오는 방사선은 뭔가요?

조      감마선입니다.

박      요오드도 감마선이라고요? 그럼 방사성 물질인 요오드가 몸 밖에 있을 때 사람이 감마선에 피폭하는 걸 어차피 못 막는 건 똑같잖아요? 알약을 먹어도 소용없는 거 아니에요?

조      맞아요. 알약은 방사성 요오드가 우리 몸에 들어와서 남아 있지 못하게, 즉 '내부피폭'했더라도 곧바로 배설되게 하는 것뿐이에요. 사람들이 그걸 많이 오해해요. 사실 의사 선생님들 얘기를 들어보면, 한국 사람들은 평소에도 몸에 좋다고 미역국을 많이 먹고, 해조류를 많이 먹기 때문에, 한국인들 갑상샘은 이미 '안정적인 요오드'로 꽉 차 있는 경우가 많다고 해요. 산모도 미역국 먹고, 생일에도 미역국 먹고, 평소에도 수시로 미역국을 끓여 먹어, 미역을 많이 먹는 민족이라는 겁니다. 그래서 한국 사람들은 요오드 걱정할 일이 없대요. 근데 서양 사람들은 해조류를 잘 안 먹기 때문에 요오드 알약은 사실 서

> 한국인들 갑상샘은 이미 '안정적인 요오드'로 꽉 차 있는 경우가 많다고 해요. 수시로 미역국을 끓여 먹어 한국 사람들은 요오드 걱정할 일이 없대요.

양 사람들한테 더 필요한 거죠.


박     요오드 알약은 내부피폭을 막을 수 있는 건데, 세슘의 내부피폭을 막을 방법은 정말 없을까요?

조     프러시안블루라는 약이 있어요. 우리 몸에서 세슘이 배출되도록 도와주는 약이죠. 세슘137의 생물학적 반감기가 110일인데, 이걸 30일 정도로 단축하는 효과가 있다고 합니다. 이건 일반인들이 방사선 좀 받는다고 먹는 약이 아니고 우주인들이 공기가 없는 곳에서 많이 피폭되니까 주로 먹었습니다. 일반인들은 세슘을 사고 수준으로 많이 먹었을 때나 응급의약품으로 쓸 수 있어요.

# 후쿠시마 쌀 세슘 검사법,
# 믿을 수 있을까?

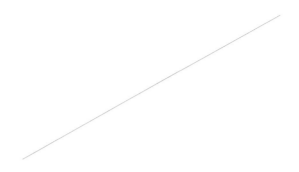

## 쌀에 감마선을 쏘면 '방사능 쌀'로 바뀔까?

**박**　이번에는 후쿠시마 쌀 얘기를 해볼게요. 일단 국내에서는 쌀에 방사선을 쏘는 실험을 하고 있지 않나요?

**조**　농촌진흥청, 그리고 전북 정읍에 한국원자력연구원 분소가 있는데, 그 두 군데에서 많이 해요. 방사선을 쏴서 생산량이 많아지고 병충해에 강한 종자를 만들기 위해서 실험하는 겁니다.

**박**　쌀에 방사선을 쏘면, 그 쌀에서 방사선이 나오는 거 아닐까 궁금해하는 사람도 있어요.

**조**　그 질문도 많이 받아요. 근데 방사선 중 쏴서 상대방을 방사성 물질로 만들 수 있는 건 중성자뿐이에요. 특별한 경우를 제외하고 알파선, 베타선, 감마선, X선 모두 상대방을 방사성 물질로 만들지 못 해요.

박    아무리 세게 쏴도 안 되나요?

조    사실 그런 감마선은 없지만, 감마선도 에너지가 6.6MeV 이 상 된다면 상대방을 방사성 물질로 만들 수 있긴 한데, 세슘137이나 요오드131에서 감마선이 나오잖아요? 그런 핵종에서 나오는 감마선 가운데 에너지가 그렇게 센 것은 없습니다. 그러니까 감마선을 쏴서 는 다른 물질을 방사성으로 바꿀 수가 없어요.

박    인공적으로 방사선의 에너지를 크게 할 수는 있잖아요?

조    맞아요. 그래서 병원에서 암 치료할 때 대개 6~9MeV 정도 X선을 만들어서 쏴요. 요즘에는 15MeV의 X선도 쓰긴 하지만요. 병 원에서는 가속장치를 이용해 X선의 파장을 아주 좁게 줄여서 에너지 를 크게 만드는 건데, 그러면 이 X선은 상대방을 방사성 물질로 만들 수 있어요.

• 세슘137에서 나오는 감마선 1개의 에너지 크기: 0.662MeV
• 상대방을 방사성 물질로 변화시킬 수 있는 에너지 크기: 최소 6.6MeV

박     그러니까 자연에서 나오는 감마선 중에는 에너지가 6.6MeV
만큼 큰 게 없다, 그래서 쌀이 감마선을 맞아도 방사능 쌀로 바뀌는 게
아니다, 이 얘기인가요?

조     맞아요, 자연이든 인공이든 어떤 원소에서 나오는 감마선 중
상대방을 방사성 물질로 만드는 감마선은 없어요.


박     X선을 6.6MeV 이상으로 에너지를 크게 만드는 것도 아까
'가속장치'라고 했는데, 결국 기계로만 만들 수 있는 건가요?

조     그렇죠. 기계로만 할 수 있는데, 그때 X선은 상대방을 방사성
물질로 만들 수 있어요.


박     그럼 X선을 세게 쏘면 멀쩡하던 물질이 방사선을 내기 시작
한다는 거잖아요. 방사성 물질로 변하면 거기서도 X선이 나옵니까?
뭐가 나오죠?

조     X선을 쏜다고 그걸 맞은 물질에서 X선이 나오는 게 아니고,
X선을 맞은 물질이 뭐냐에 따라 또 달라집니다. 6.6MeV 이상의 X선
을 받은 물질이 탄소냐, 수소냐, 질소냐, 실리콘이냐, 뭐냐에 따라 만
들어지는 방사선의 종류가 달라져요.


박     희한하네요. 가속장치로 X선 말고 감마선의 에너지는 키울

수 없나요?

조      기계로는 아예 감마선을 못 만들어요. 실험 장치에서는 X선
만을 만들 수 있습니다.

박      세슘137에서 나오는 감마선 하나의 에너지가 0.662MeV인
데, 6.6MeV가 되려면 딱 10배잖아요. 그 정도가 되면 감마선을 맞은
쌀이 '방사능 쌀'로 바뀐다는 건데, 감마선은 기계로 만들 수도 없고 X
선처럼 에너지를 크게 할 수도 없다는 건가요? 우주에서 에너지가 하
나에 6.6MeV 넘는 감마선은 정말 없습니까? 딱 맞으면, 맞은 물질이
방사능을 갖게 하는 거요.

조      그런 감마선은 없습니다. 에너지 크기에 상관없이 상대방을
방사성 물질로 만드는 걸 '방사화'라고 하는데, 앞서 얘기했지만 방사
화를 시키는 건 중성자밖에 없어요. 중성자를 맞으면 무조건 방사화
됩니다.

박      후쿠시마에 가면 혹시 공기 중이나 어디에 중성자가 있나요?
조      중성자는 없어요. 엄밀하게 따지면 중성자는 원자로가 가동
중일 때만 만들어집니다.

박      근데 원전이 터졌잖아요. 폭발했을 때 중성자가 새어나온 건

아니고요?

조     후쿠시마 원전의 원자로 안에는 중성자가 있었겠지요. 근데 원자로 위에 만들어놓은 천장이 터진 거예요. 중성자는 원자로를 감싸는 격납용기 안에만 있었습니다. 후쿠시마는 원자로가 터진 게 아니에요. 그리고 원자로가 멈추면 중성자도 사라집니다.

박     국내에서 종자개량 연구를 할 때 X선을 쏘나요, 중성자를 쏘나요?

조     X선을 쏘는데, 중성자를 쏘는 연구는 따로 있어요. 대전에 '하나로'라는 연구용 원자로가 있는데 그 안에서 중성자가 생기거든요. 그 원자로 쪽으로 실험 구멍을 뚫어 중성자를 빼낸 다음 반도체에다 쏴요. 반도체 성능 향상을 연구할 때 중성자를 씁니다.

박     중성자를 맞으면 방사성 물질로 바뀐다면서요. 그럼 반도체에서 방사능이 나오는 거 아닙니까?

조     방사성 물질이 되긴 하는데, 반감기가 짧게 되도록 만들어요. 어떤 물질에 중성자를 쏘면 무슨 방사선이 나온다는 걸 미국 브룩헤이븐 국립연구소Brookhaven National Laboratory가 조사한 게 있어요. 반도체뿐만 아니라 보석에도 중성자를 쏴요.

박    보석에요?

조    루비, 사파이어 같은 보석에 중성자를 쏘면 색깔이 아름다워져서 값이 비싸지죠. 근데 문제는 보석이 방사성 물질이 된다는 겁니다. 반도체랑 다르게 이건 반감기도 길어서 문제가 된 적이 있어요. 과거 외국에서 보석에 중성자를 쏜 적이 있는데, 지금은 금지돼 있어요.

박    국내든 후쿠시마든 공기 중에 그런 중성자는 없다는 거네요. 그럼 만약 실험실에서 쌀에 아주 강한 X선을 쏘면 어떻게 될까요?

조    어떤 물질이 방사성 물질로 바뀔 때 아까 6.6MeV 이상의 에너지가 필요하다고 했잖아요? 사실 어떤 물질에다 쏘느냐에 따라 방사화에 필요한 에너지의 크기도 달라요. 이것도 '문턱'이 있는 겁니다. 그중에 가장 낮은 게 베릴륨인데, 6.6MeV예요. 6.6MeV보다 에너지가 큰 X선을 쏘면 베릴륨이 다른 물질로 아예 바뀌는 겁니다. 방금 쌀에 대해 물어봤는데, 쌀은 탄소랑 수소의 결합물이거든요. 6.6보다 더 강한 에너지의 X선이 필요할 겁니다. 하지만 쐬도 확률적으로 어느 정도만 변한다는 거지 100% 변하는 건 아니에요. 사실 확률이 굉장히 낮아 쌀이 다른 물질로 거의 변하지 않습니다.

박    만약 쌀이 다른 물질로 변한다면, 그건 더 이상 쌀이 아니겠네요?

조     그렇죠. 화학 구조가 완전히 다른 물질이 되는 거죠. 하지만 후쿠시마든 어디든 지구상

지구상 어딜 가든, 감마선을 아무리 많이 때려도 쌀이 방사성 물질로 변할 수는 없습니다.

에는 그렇게 강한 X선이 없기 때문에 현실적으로 일어날 수 없습니다. 히로시마나 나가사키에서 원자폭탄이 터졌을 때는 중성자가 순간적으로 확 퍼졌을 테니까 그럴 때만 방사화 현상이 많이 일어났을 겁니다.

박     방사화가 가능한 에너지의 크기가 베릴륨의 경우 6.6MeV인데, 세슘 감마선 하나의 에너지 크기가 0.662MeV라고 했으니 세슘 137에서 나오는 감마선 10개가 모이면 6.6 정도 되는 거잖아요. 그럼 베릴륨이 감마선 10개를 동시에 맞으면 방사성 물질로 변할 수 있는 거 아니에요?

조     그건 불가능합니다. 쉽게 표현하면, 야구공 10개를 모은다고 해서 10배 큰 농구공이 될 수 있나요? 야구공 10개를 모아도 농구공과는 완전히 다른 겁니다. 물론 에너지의 총량이 같긴 하지만, 방사화가 되려면 '한 개'의 방사선으로 농구공만 한 에너지를 줘야 합니다. 야구공 10개 모은다고 되는 일이 아니에요. 그래서 지구상 어딜 가든, 감마선을 아무리 많이 때려도 쌀이 방사성 물질로 변할 수는 없습니다.

# 후쿠시마현의 쌀 검사법,
# 허점은 없을까?

**박**     후쿠시마현의 쌀 검사 결과가 홈페이지에 공개돼 있어요. 1kg당 100Bq 가까이 나오는 건 거의 없다는 거고 대부분 1kg당 '25Bq 미만'으로 나와 있어요. 근데 이게 0인지, 1인지, 아니면 24인지 모르거든요. 너무 불투명한 거 아닌가요?

**조**     이건 측정 하한치가 25Bq/kg이라는 겁니다. 그러니 25Bq 미만으로 나오면 더 정확하게 재지 않는다는 얘기에요.

**박**     '25Bq 미만'에서도 어떤 측정치가 나오긴 하는데, 데이터 분류를 할 때 '25Bq 미만' 항목에다 집어넣는다는 건가요? 아니면 측정할 때부터 아예 23인지, 24인지 그 자체를 모르는 건가요?

**조**     25 미만에서도 데이터가 나오긴 하는데 분류를 이렇게 하는 겁니다. 측정 장치의 불확실도 때문이에요.

〈후쿠시마현 쌀에 대한 자체 방사능 검사 결과〉

| | 25Bq/kg 미만 | 25~50 Bq/kg | 51~75 Bq/kg | 76~100 Bq/kg | 총계 |
|---|---|---|---|---|---|
| 검사 수 | 9,389,739 | 28 | 1 | 0 | 9,389,768 |
| 비율 | 99.9953% | 0.0003% | 0.0000% | 0.0000% | 99.9956% |

출처: 후쿠시마현(2019. 8.~2020. 3.)

박    측정기 센서에 잡히는 감마선의 개수가 있을 거고, 그거에 따라 몇 Bq이라는 숫자는 나오는데, 데이터를 공개할 때 그걸 '25 미만' 항목에 그냥 넣어버린다는 거죠?

조    맞아요. 그러니까 25Bq 미만인데 정확히 얼마인지는 모르는 겁니다. '25 미만'이라는 것만 알아요. 더 정확하게 알려면 게르마늄 반도체를 이용해서 더 오랫동안 측정해야지요.

박    후쿠시마현에서 쌀 검사하는 걸 보니, 컨베이어 벨트 위에 쌀 포대를 올려놓으면 화면에 바로 1kg당 몇 Bq인지 뜨더라고요. 이 측정 원리가 뭘까요?

조    이런 측정기는 아마 플라스틱 섬광체NaI를 쓸 겁니다. 우리나

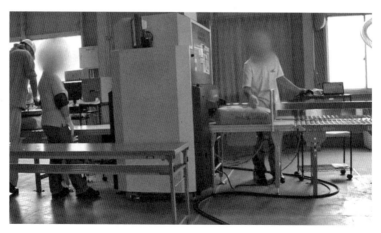

▶ 후쿠시마현 쌀 방사능 측정 장면(출처: 후쿠시마현)

후쿠시마 쌀 세슘 검사법, 믿을 수 있을까?

라 항만에 설치돼 있는 화물검색기에도 그걸 써요. 섬광체(순간적인 빛을 내는 물질)라는 걸로 큰 판 모양을 만들었어요. 감마선 하나가 이 판을 때리면 '섬광체'라서 빛이 나와요. 나오는 빛의 세기를 재어 거꾸로 감마선이 몇 개인지 아는 거죠. 그러니까 이 측정기는 단순히 쌀 포대에서 나오는 감마선이 총 몇 개인지 세는 겁니다. 그 숫자를 쌀 포대의 무게로 나누면 'Bq/kg' 단위가 되죠. 만약 감마선을 100개 측정했고, 쌀 포대가 30kg이면 $100 \div 30 = 3.3$Bq/kg, 이 수치가 측정기에 뜨는 거예요. 아주 단순해요.

박    섬광체를 쓰는 측정 방법 자체는 과학적으로 신뢰할 만한가요?

조    믿을 수 있죠. 도로 위를 달리면서 방사능을 측정하는 환경방사능 감시 차량도 원리가 똑같아요. 차량 아래에 섬광체를 설치하는 거예요. 이건 방사능에 대한 표준 측정법 가운데 하나예요. 섬광체를 사용한 측정은 세계적으로 많이 쓰는 방법입니다.

박    표준 측정법이라고는 하지만, 25Bq 이하는 더 이상 자세히 측정하지 않으니까 정확도는 떨어지겠네요?

조    떨어지죠. 쌀 포대가 휙 하고 금방 지나가잖아요. 실험실에서 재는 건 1kg당 mBq 수준까지 나오지만, 이건 Bq 값만 나오니 정확도

302

가 1,000분의 1 이상 떨어지는 겁니다. 쌀 포대 지나가는 시간이 짧으니까 측정 시간이 짧아지고, 결국 측정 하한치가 상대적으로 엄청 높아져 정확도가 떨어지는 거죠.

박    그래서 그런지 후쿠시마현 홈페이지에 봐도 이 값을 '측정값'이라 하지 않고, '참고값'이라고 해놨더라고요. 근데 항만에서 트럭도 측정기 사이를 너무 빨리 지나가면 안 되잖아요. 쌀 검사할 때도 마찬가지겠네요?

조    그렇죠. 그래서 측정도 표준시방서가 있어요. 트럭도 일정 속도 이하로 지나가도록 돼 있습니다. 이 쌀 측정 때도 컨베이어 벨트의 속도가 다 정해져 있을 거예요.

박    만약 쌀 포대가 정해놓은 속도보다 더 빨리 지나가면 측정값(Bq/kg)이 실제보다 떨어지는 거잖아요?

조    맞아요. 그래서 이런 측정기는 본격적으로 쌀 포대 측정을 시작하기 전에 보통 자기들이 Bq/kg 값을 정확히 알고 있는 시료를 같은 규격의 쌀 포대 모양으로 만들어 측정해봅니다. 그걸 갖고 측정기 세팅을 하는 거죠.

박    식품을 이런 식으로 측정하는 건 처음 봐요.

조     쌀 포대를 재는 측정기 자체를 일본이 만든 겁니다. 신속하게 측정하려는 거지요. 지금 우리나라는 쌀을 저렇게 측정할 이유가 없죠. 우리는 궁금하면 쌀을 실험실로 가져와서 더 정밀한 방법으로 mBq/kg까지 측정합니다. 대신 시간이 오래 걸리죠.

박     후쿠시마현이 이런 식으로 검사하는 목적 자체가 정밀한 측정보다는 전수조사를 하는 데 있다는 느낌이 드는데요?
조     맞아요. 정확도는 어느 정도 포기하는 대신 많은 양을 주어진 시간 내 전부 검사하겠다는 겁니다.

박     후쿠시마현의 쌀 측정값을 우리가 신뢰할 수 있느냐, 이론적으로야 문제가 있을 수 있는데 실제로 검증하는 데는 한계가 있지 않을까 싶은데요.
조     그렇죠. 표준검사법에 쌀 포대를 1m/s로 이동시키라고 돼 있는데, 만약 2m/s로 보낼 수도 있겠죠. 그럼 쌀에 있는 세슘이 안 잡힐 수도 있죠. 하지만 그 쌀을 우리 실험실로 가져와서 정밀하게 측정해보기 전에는 알 수 없잖아요. 그리고 그 컨베이어 벨트 속도를 현장에서 딱 체크하면 '이건 잘못됐다'고 할 수 있겠지만, 쉽지는 않죠.

박     이건 제가 세슘 시료를 후쿠시마현에 갖고 가서 쌀 측정하는 장비를 직접 검증해본 게 아니기 때문에 쌀을 먹어도 된다, 안 된다 단언하기 어려울 것 같아요. 앞서 내부피폭 얘기할 때 우리 몸이 식품에서 받는 방사선량을 자세히 확인했죠. '생선'을 '쌀'로 바꿔서 읽어도 되니까 참고하시면 될 것 같습니다.

# 위험 소통은 중요합니다

어떤 위험한 사건이 발생했습니다. 많은 미디어에서 이에 대해 이야기합니다. 사람들은 집중적인 보도에 노출되어 위험의 정도를 실제 강도보다 심각하게 느끼기 쉽습니다. 위험 소통을 효과적으로 하기 위해서는 위험에 대한 정보를 받는 자와 전달하고자 하는 자 사이의 신뢰 구축이 가장 우선되어야 합니다.

신뢰가 쌓인 이후에야 위험 요소에 대한 정보 전달이 시작될 수 있습니다. 그래야만 정보를 받는 자가 어떤 정보가 필요한지 합의에 도달할 수 있고, 위험 정보를 전달하고자 하는 자는 그 정보를 사실대로 전달할 수 있으며, 궁극적으로 정보를 받는 자는 직면한 위험 상황에 올바르게 대처할 수 있게 됩니다.

하지만 '위험하다' 또는 '위험할 수도 있다'라는 생각에 사로잡

히는 순간 사람들은 보통 각자 지니고 있는 우수한 지성에 근거하기보다는 감성에 기반해서 정보를 받아들이고 대응하게 됩니다. 이런 여건에서 위험 요소에 대한 사실 정보를 논리적으로 받아들이기는 거의 불가능에 가깝습니다.


## 팩트체크는 그래서 평상시에 해두어야 합니다

지금 우리는 수많은 위험 요소에 둘러싸인 현대 문명사회에서 가짜뉴스에 쉽게 노출되는 시대에 살아가고 있습니다. 이런 상황에서 '내가 위험하지 않을까?' 염려하는 사람들에게 위험의 크기에 대한 정확한 사실 정보를 전달하는 것은 매우 어렵기도 하고 중요한 일입니다.

특히 많은 사람이 동시에 위협을 느끼는 사건이 갑자기 벌어진 경우에는 "내 이야기가 맞다"고 외치는 목소리가 난무해지는 경향이 있어 더욱 그렇습니다. 이때 사람들에게 필요한 진실된 정보를 제대로 전달하기 위해서는 데이터와 증거에 기반을 둔 팩트체크가 꼭 필요합니다.

방사능 위험은 많은 사람이 심각하게 염려하는 걱정거리 중 하나임이 분명합니다. 방사능이 건강에 심각한 위해를 끼칠 수 있다고 걱정합니다. 하지만 우리는 내가 직면하고 있는 위험 크기에 대한 정확한 정보를 구하기가 쉽지 않습니다.


## 방사능 걱정에 대한 진정한 해답이 되길 바랍니다

이 책에서는 2011년 후쿠시마 원전 사고 이후 지금까지 우리나라 신문과 방송이 보도했던 후쿠시마 방사능 위험에 대한 기사들 중에서 정확한 사실 확인이 필요한 것을 밝혀보았습니다. 일본으로 여행을 가거나 일본에 사는 친지를 만나러 가거나, 아니면 상당 기간 파견 또는 유학을 떠나려는 분들이 궁금해할 만한 일본 방사능 위험에 대한 내용들을 팩트체크해보았습니다. 신종 코로나바이러스로 인해 결국 2021년으로 한 해 연기된 도쿄올림픽에 참가할 수많은 국가대표 선수와 관중이 어느 정도 크기의 방사능 위험을 안고 가야 하는지도 살펴보았습니다. 아무쪼록 이 책이 독자들에게 방사능 피해에 대한 걱정과 염려에 진정한 해답을 안겨드리기를 바라는 마음으로 글을 정리했습니다. 이 책이 방사능 위험 소통의 새로운 출발점이 되기를 간절히 바랍니다.

대전에서 조건우

# 찾아보기

# 방사능 팩트체크

## 일본 후쿠시마 방사능에 대해
## 고수가 묻고 전문가가 답하다

초판 1쇄 발행 | 2021년 5월 20일
초판 2쇄 발행 | 2023년 5월 15일

지은이 | 조건우·박세용
감수 | 김교윤·김성환
펴낸이 | 조승식
펴낸곳 | 북스힐
등록 | 1998년 7월 28일 제22-457호
주소 | 01043 서울시 강북구 한천로 153길 17
전화 | 02-994-0071
팩스 | 02-994-0073
블로그 | blog.naver.com/booksgogo
이메일 | bookshill@bookshill.com

ISBN 979-11-5971-322-4
정가 19,500원